JN096106

口絵1　5オクターヴのウィーン
式ピアノ（アントン・ワルター，
1795 年　民音音楽博物館所蔵）

口絵2　ベートーヴェンが所有した
エラール社のピアノ，1803 年
（リンツ城博物館蔵，撮影：山本宣夫）

口絵3　ジョン・ブロードウッド＆サン
ズのピアノ，1800〜1808 年
（浜松市楽器博物館蔵）

ペダル部分の拡大図

口絵4　シューベルトの時代のウィーン式ピアノ，伝マテーウス・
シュタイン，1820年頃（ヤマモトコレクション蔵）

口絵5　マイヤーベーア作曲《悪魔ロベール》　舞台美術
家シセリによる第3幕　修道女のバレエの場面

西洋音楽史

津上英輔・赤塚健太郎

まえがき

　本書は，2021年度から開講される放送大学講義「西洋音楽史」のために作成された印刷教材である。本講義では，西洋の芸術音楽の歴史を扱う。

　大学で西洋音楽史を履修する人の多くは音楽好きで，授業でいい曲に出会ったり，好きな作曲家や作品のことをもっとよく知れることを期待するのではないだろうか。しかし大学の科目として，そのような知識の量的拡大と並んで，質的に音楽理解を深める道もあるはずだ。それが，本講義の目指すところである。

　具体的に言えば，多くの西洋音楽史は作品を中心に語られる。作曲家誰々の作品何々はこれこれの構造を有しており，しかじかの歴史的特徴があるという具合だ。それが大切なのは言うまでもないが，それを教えてくれる優れた本やメディアは，今日の日本に数多ある。それに対して本講義では，少し特色を出し，作品の背景にある社会構造や思想・理論，そして作品を鳴り響かせる楽器と奏法，また作品の受容と評価に重点を置いて，いわば周囲から作品に光を当てる。その結果，取り上げる作品の理解が一挙に深まることを理想としている。「知る音楽史」より，「わかる音楽史」とでも言おうか。

　それは，各担当者が自らの研究成果を臆せず提示することによって可能となった。巻末の紹介にあるように，我々講師は楽器（筒井），オペラ（森），舞踏・舞曲や演奏習慣（赤塚），美学（吉田，津上）と，様々な角度から音楽研究に携わっている。結果として，回（章）ごとに，大観的総括からピンポイントの分析まで，論述の規模とスタイルに大きな幅がある。それは我々の研究対象の違いだけでなく，研究方法の多様さ

にも起因する。受講者に，様々な「わかり方」まで体得していただくことができれば，我々にとって望外の喜びである。

　ここで，本講義全体に関わる具体的な注意を述べておこう。

　まず，本講義が踏まえる西洋音楽史の時代区分である。これは各章にも説明があるが，最初に大まかな区分を頭に入れていただくのがよいかもしれない。西洋音楽史で「古代」の開始時期が問題にされることはなく，その終わりも，形式的には西洋史の一般的区分に従って紀元後5世紀としてよいだろう。しかし実質的に音楽史上の「中世」が姿を現わすのは8世紀のことである。これに，15世紀前半から16世紀末頃までの「ルネサンス」の時代が続く。次の「バロック」の時代は17世紀はじめから18世紀前半まで，古典派はそれに続く18世紀いっぱい，ロマン派は19世紀というのが，大きな区分である。音楽史上の「現代」の始まりを20世紀の初めとするか，第二次世界大戦後とするか，あるいはもっと後とするかについては，様々な考え方があるが，本講義ではそれには立ち入らない。

　次に，本講義は楽譜の読み方や最も基本的な音楽用語を前提として話を進める。そこで次の2冊のどちらかを手元に置いて随時参照されることをお薦めする。東川清一・平野昭編『音楽キーワード事典』（春秋社，1988年），久保田慶一他著『音楽用語の基礎知識 これから学ぶ人のための最重要キーワード100』（アルテスパブリッシング，2019年）。また，本講義で理解したことをもう少し詳しく学びたいと思われる向きには，D．J．グラウト・C．V．パリスカ『新西洋音楽史』（戸口幸策他訳，全3巻，音楽之友社，1998-2001年）をお薦めする。本講義の用語や固有名のカタカナ表記は，基本的にこれに準拠している。ただし，慣例に従う場合もある。

　最後に，音名の表記に触れておきたい。音の高さそれぞれ（ピアノに

おけるそれぞれの鍵）の呼び方には幾通りかの方法があるが，本講義では英米式（A,B,C....，C sharpなど）やドイツ式（A,H,C....，Cisなど）ではなく，原則として日本式（イ，ロ，ハ....，嬰ハなど）を用い，オクターヴの区別が必要な場合，以下のようにする。

津上英輔

目次

15 | バッハ演奏の変遷から見る音楽史

1 | 導入：「音楽」とは何か

津上英輔

《**目標＆ポイント**》　現代日本語の「音楽」は明治期以来，事実上西洋語
music, Musik などの訳語として機能している。その西洋語はラテン語ムーシ
カに由来する，さらにそのラテン語は，ギリシャ語ムーシケーの音写，いわ
ばカタカナ書きの外来語である。つまり古代ローマ人，西ヨーロッパ人，そ
して日本人が，おそらく原初の時代から歌を歌い，笛を吹いていたはずなの
に，自らの活動をわざわざギリシャ語（および日本語ではその訳語）で呼ん
でいるというこの事実は，その人々がギリシャ人の音楽観を，根本において
忠実に引き継いでいることを意味する。具体的には①「音楽」というものの
範囲付けと②音楽の数理的なとらえ方である。①はこの章で，日本との比較
も交えて学習し，②は次章で学ぶ。
《**キーワード**》「音楽」の概念，ムーシケー，ギリシャ，西洋音楽の三要素

1. 西洋音楽史とギリシャの音楽観

　ハイエットは名著『西洋文学における古典の伝統』（参考文献1）に
おいて，「今日の西欧は多くの点でギリシア・ローマ世界の継続である」
（p. 3）とする概括の中で，文学について「今日，我々が用いている文
学形式の殆どすべてはギリシア人が生んだものである。悲劇と喜劇，叙
事詩，物語（ロマンス），その他にもまだいろいろある」（p. iii）と指摘する。現代
における文学の中心である小説を「物語」に含めるなら，この指摘には
納得が行く。他方彼は，概括に続けて「すべての点でそうだとは言えな
い。特に医学，音楽，工芸，応用科学等はギリシア・ローマには余り縁

がない」（p. 3）と主張する。「音楽」について，彼はおそらく，現代の
ポピュラー系音楽は言うに及ばず，近代のクラシック音楽においても，
曲の形式や表現内容が，ギリシャ・ローマの古典と直接に関係していな
いことを指してこう主張するのだろう。それはある意味で正しい。そし
て彼がこの発言を行なった20世紀の半ばから，基本的な事情は現代に
至るまで変わっていない。

　しかし少し見方を変えれば，西洋の音楽は立派に古代ギリシャと「縁」
がある。それどころか，あまり指摘されてこなかったことだが，西洋音
楽において，ギリシャの伝統は，文学以上に，現代に至る西洋音楽を深
層から規定し続けている。

（1）目に見えるギリシャの遺産

　西洋の音楽用語には，ギリシャ語起源のものが多い。西洋音楽の三要
素であるメロディ，リズム，和音に当たる英語 melody, rhythm,
harmony のいずれもが，μελωδία melōdia, ρυθμός rhythmos, ἀρμονία
harmonia という純正ギリシャ語を引き継いでいる。「純正」と言うのは，
telephone のようにギリシャ語の要素（τῆλε tēle 遠い＋φωνή phōnē 声）
を使って近代人が造語したのではなく，古代からギリシャ人が使ってい
たという意味である。しかも，melody と rhythm は，古代から現代ま
で，基本的に同じ意味で用い続けられ，harmony は音の横の並びであ
る「音階」から縦の並びである「和音」に転移しながらも，音の並びと
いう意味は守り通している。つまり西洋音楽は，現在でも，その構造原
理を説明するのに，基本的に古代ギリシャ人の見方によっているのであ
る。日本語でも，「旋律」と並んで「メロディ」，「律動」と並んで（あ
るいは，それ以上に）「リズム」，「和音」と並んで「ハーモニー」の語
を用いるのは，日本人の音楽のとらえ方が，近代の西洋を通じて古代ギ

リシャの見方に大きく支配されていることの証拠である。また，かりに
「旋律」などの漢字を使ったとしても，それはメロディなどの西洋語の
訳語でしかないのだから，事態はほとんど変わらない。

　もう1つ，現代の音楽世界においてギリシャの遺産として目につくの
は，楽器名である。ギター guitar はハープ型の楽器 κιθάρα kithara に由
来し，オルガン organ は「道具」一般を表わすギリシャ語 ὄργανον
organon の，ティンパニ timpani はまさにケトルドラムである τύμπανον
tympanon の，そしてチェンバロ cembalo は κύμβαλον kymbalon の，
訛った形である。最後のチェンバロは，もともとの名である clavi-
cembalo から「鍵（盤）」を表わす第1要素 clavi(s) が脱落した形だが，
第2要素のもととなった κύμβαλον kymbalon は他方で，もともとの意
味を保ちながら，ラテン語 cymbalum を経て英語 cymbal，日本語シン
バルとなった（ハンガリーの楽器ツィンバロム cimbalom は，ケースに
張り渡した弦を撥で打って音を出すから，両者の中間的存在と言える）。
κύμβαλον － cymbalum － cymbal － シンバルの系譜は，後述する
μουσική － musica － music － 音楽（ミュージック）の伝統の縮図とも
言える。チェンバロとシンバルが同じギリシャ単語の異形であるとは，
驚きであると同時に，その目で見ると，金属的な打撃の音色に共通性が
感じられもするのではないだろうか。もしそうだとすれば，この伝統が
現代日本人の感覚と無縁ではないということだ。

（2）日本語「音楽」の過去と現在
　西洋的音楽観におけるギリシャの伝統について見る前に，日本の「音
楽」概念を省みておくのがよいだろう。「音楽」は，秦の時代に成った
百科事典的な書『呂史春秋』に初出する由緒ある漢語である。日本の文
献では平安時代初期に成った『続日本紀』巻十八天平勝宝四［752］年

19

四月乙酉中に，東大寺盧舎那仏（大仏）の開眼供養の中で，雅楽寮と諸寺が参集して様々な「音楽」を催したとする漢文記述の中に現われる。その後，この語は大和言葉すなわち土着日本語の「あそび」，「うたまひ」などと区別して，外来の雅楽と仏教楽を指すのに用いられた。この語が現在のように，西洋のものや日本固有のものも含めた音楽活動を包括的に指すようになったのは，明治10年代以降のことである（『日本国語大事典』第2版「音楽」の項，特に「語誌」欄参照）。当時の日本において，西洋音楽は紛れもなく外来音楽だったわけだから，基本的語義は変わっていないと見ることもできるだろう。ただ，雅楽や仏教音楽と違って，西洋音楽は日本人の音楽活動全体の中で，中心的地位を占めた点が異なっている。

　明治12（1879）年，西洋風の教育制度を新たに構築する中で，小・中学校における音楽教育の内容を画定することを目的の1つとして，伊沢修二（1851-1917）を長とする研究教育機関が，文部省に開設された。その名が「音楽取調掛」（後の東京音楽学校，現在の東京芸術大学音楽学部）で，研究の結果定められた教科内容には，西洋音楽（英語でmusicと呼ばれるもの）が大幅に取り入れられた。つまり西洋の“music”が，日本の教育制度の中で「音楽」と名付けられたのである。このことに象徴されるように，「音楽」という語はmusicなどの西洋諸語の訳語として，明治初期から広く通用するようになった。こうして日本人は初めて，音の操作活動を一括してとらえる見方を獲得した。この言葉遣いからすると，雅楽や声明を今日「日本伝統音楽」と呼ぶのは，語の伝統的本義というより，むしろ西洋的な見方の拡張のように見える。現代日本語の「音楽」は，それほどまでに“music”，“Musik” etc.の忠実な訳語として機能している。

（3）西洋諸語における「音楽」

　現代日本語の「音楽」には，事実上類語がない。「歌」では器楽が抜け落ち，「歌舞音曲」は意味が広すぎるばかりでなく，官庁用語の臭いが強いし，かと言って「あそび」，「うたまひ」，「もののね」では，現代人に通じないだろう。英語ではもっと顕著で，現代の手軽な類語辞典，例えば *The Chambers Thesaurus*, 5th ed.（2015）で music の類語を調べると，出てくるのは tune, melody, harmony で，いずれも music の一部でしかない。さらに英語辞典の最高峰 *OED*（*The Oxford English Dictionary*）に基づく歴史的類語辞典 *The Historical Thesaurus of the Oxford English Dictionary*（Oxford U. P., 2009）を見ると，もう1つの事実が明らかになる。この類語辞典は，それぞれの語が過去においてどのような類語に取り囲まれていたかを詳細に示すもので，music については1598年初出の musicry と1985年初出の tuneage が挙げられている。前者は "music" に「実践」などの意を表わす接尾辞 "-ry" を付したものであり，後者はもともとアメリカの俗語であるようだ。しかし両者とも，歴史的に見てもきわめて稀な語である。このことが意味するのは，英語において，music は事実上一度も，1つの類語も持ったことがないということである。

　さらに，この語は music（英），Musik（独），musique（仏），musica（伊）のように，語源であるラテン語 musica を基本として，語尾に各言語の癖を反映させながらも，語幹はすべて同一である（私は東欧語のことは知らない）。フランス語とイタリア語はラテン語系だが，英語，ドイツ語などのゲルマン系言語に，もともと music, Musik などの土着語があったのではない。私の知るいくつかの西欧語の中では唯一ドイツ語が，ラテン語からの外来語 Musik を人為的にドイツ語化するため，Tonkunst（文字通りには，音の芸術あるいは音のわざ）という合成語

を造語したが，もはや現代の常用語ではなくなっている（辞書には「雅語」などと書いてある）。英語以外の言語には，いまだ歴史的類語辞典が存在しないので，歴史の一時期にMusik, musique, etc.の類義語が存在しなかったと断言することはできないが，少なくとも現代において，その痕跡はない。このことは，それらのも̇と̇が１つであるばかりでなく，そのも̇と̇が今日まで延々と墨守されていることを意味する。これは固有名詞のあり方に近い。例えばカエサルはCaesar（英），Cäsar（独），César（仏）などと，言語によって多少形を変えながら，同一人物を指し，無論それを他の名で置き換えることはできない。

　しかし言うまでもなく，各国にはそれぞれ土着の音楽があり，ずっとそれを営んできたはずだ。それを名指すのに，唯一共通の，英語やドイツ語にとっては外来語でさえある語を以てするというのは，とても不思議なことではないだろうか。譬えてみるなら，日本人やエジプト人，ロシア人を含む世界中の人々が，各自の鼻を，ひとしなみにラテン語で"nasus"と呼ぶようなものだ。

2.　ギリシャ語ムーシケー

（1）ムーシケーの継承としてのムーシカ

　しかし驚くべきことに，そのラテン語musicaもまた，ギリシャ語から，しかもやはり固有名詞的に，受け継がれたものなのである。ラテン語には「ムーシケー」と同根の固有語がない。例えば「母」を表わすギリシャ語μήτηρ mētērとラテン語materは，ともに印欧祖語から同じ語を受け継いだゆえに，似た語形になっているのに対して，musicaはそうではなく，ギリシャ語にしかないということだ。したがって「ムーシケー」は古代ローマ人にとって完全な外国語であった。ところで，手持ちの語彙では言い表わせない外国語の概念を自国語に取り入れる必要

を感じた人にとって，そのしかたは2とおりあるだろう。1つは，その語がもとの言語で指していたのに近い自国語を探し，「〜的」のような限定を付すか，自国語の要素を新たに組み合わせてそれを表わすようにする方法で，英語と日本語の関係で例を探せば，cameraを「写真機」と呼ぶやり方である。もう1つは，もとの言語での発音をそのまま取り入れる，音写と言われる方法で，同じ例で言えば，「カメラ」と呼ぶやり方である。2つを比較すると，前者が自国語から意味が知られるか少なくとも類推されるという大きな利点を有するのに対し，後者ではそれを放棄する代わりに，もとの意味をそのまま引き継ぐことができる（取り入れられる意味がもとの語の一面に限られることは，しばしば起こるが，それは別問題である）。したがって音写によって外国語を取り入れるのは，自国語に類語がないことに加えて，自国語の単語またはその組み合わせでは意味を伝えられないほど，もとの語が，取り入れる側にとって特殊な意味を持っている場合が多い。

　「ムーシカ」はじっさいそのような語であった。紀元後1世紀の弁論家クィーンティリアーヌスMarcus Fabius Quintilianusは，その事情をよく伝えている。

　（引用1-1）　私は［ギリシア語を音訳した］philosophus［哲学者］やmusicus［音楽家］，geometres［幾何学者］といった言葉を使うのであり，むりやりこれらの言葉を，ぎこちないラテン語に置き換えたりはしません。（『弁論家の教育』第2巻，第14章，4. 守谷宇一，戸高和弘，渡辺浩司，伊藤立晶訳，西洋古典叢書，京都大学学術出版会，2005年，第1巻，p. 190）

　訳者が補注するとおり，philosophus, musicus, geometresはすべてギリシャ語の「音訳」ないし音写で，それにぴったり相当するラテン語はなく，もし無理に訳そうとすると，もとの意味を大きく損なうだろうと

いうのである。哲学すなわち愛philo‐知sophiaが，その名とともにギリシャに起こったことは周知のとおりであり，幾何学すなわち図形数学は，はじめエジプトやバビロニアからギリシャにもたらされたようだが，ギリシャ人とりわけ紀元前300年頃のエウクレイデースEukleidēs（英語風にユークリッドEuclidとも言う）が体系化した。どちらもすぐれてギリシャ的な知的営為である。ギリシャ文化を尊重するクィーンティリアーヌスにとって，これらの営為はいわば固有名詞的なものと映ったに違いない。

　しかしでは，「音楽家」はどうなのだろう。古代のローマ人が哲学や幾何学と違って，歌を歌い，笛を吹いていたことは確実なので，彼がその営為そのものを言っているのでないことは明らかである。では彼の言う「音楽」とはどのようなものだったのだろうか。それはどのような点でローマ固有の歌や笛の営為と異なっていたのだろうか。

（2）音を操作する活動としてのムーシケー

　それは２つあると思われる。①音楽活動の見方と②数理的性格である。この章では①を詳しく学ぶ。②は次章で扱うが，ここで「数理的」と言うのが，音楽実践を数学的分析の対象とすることであることを予告しておこう。さて，①の「見方」と言うのは，歌を歌う行為と笛を吹く行為とを同類の行為と見るかどうかのことである。現代の我々にとって自明なこの見方は，決して天然自然のものではない。試しに，これを日本の伝統的な音楽感性に照らして検証してみよう。まず，例えば仏教の法事で行なわれる僧侶の読経は，見ようによっては，詞が一定の調子をもって「歌われ」，多くの場合木魚や鉦の「伴奏」までついた立派な音楽と言いうるはずのものであるにもかかわらず，我々はふつうこの催しを「音楽会」とは呼ばないし，経をみごとに唱える僧侶を指して「名歌

手」、「大音楽家」と言うわけでもない（同じく経文を唱える声明^{しょうみょう}は音楽と見なされ，しばしばその演奏会も開かれるので，通常の読経を「音楽」と呼ぶのは，必ずしも荒唐無稽な発想ではない）。ここでは、音を操る行為が仏教の法事という大きな活動の脈絡の中に埋没している。だから，阿波踊りの笛が僧侶の読経と同じ営みだと言われると，違和感を覚えざるを得ないのだ。我々はこのとき，音にかかわる部分だけを取り出して「音楽」と名指す意識を欠いているのである。

それに対して，音の操作の部分だけを，活動の脈絡から取り出して切り取るのが，「音楽」つまり「ムーシカ」の見方である。ラテン語にムーシケーの類義語がなかったのは，古代ローマ人がこの見方を持ち合わせなかったことを意味すると考えられる。しかしそのムーシケーという見方には，音を操作の対象と見るという一層根本的な前提が横たわっている。すなわち，楽音を自然音・雑音と明確に区別する態度である。これについても，日本の場合と比較するのがわかりやすい。

（3）楽音と自然音：日本の場合と比較して

日本人には伝統的に，動物や虫の鳴き声，あるいは波や風のような自然の音を愛でる感じ方がある。『源氏物語』にその秀逸な表明がある。下線は特に注目すべき語句である。

（引用1-2）　ことごとしき［おおげさな］高麗唐土^{こまもろこし}の楽^{がく}よりも，東遊^{あづまあそび}の耳^{み、}馴^なれたるは，なつかしく［親しみが持てて］おもしろく［心惹かれ］，波^{なみ}風^{かぜ}の声^{こゑ}に響^{ひび}きあひて，さる［あの］木高^{こだか}き松風に吹^ふき立^たてたるは，笛^{ふえ}の音^ねも，ほかにて聞^きく調^{しら}べには変^かはりて身にしみ，琴^{こと}に打^うち合^あはせたる拍子^{ひやうし}も，鼓^{つづみ}を離^{はな}れて［除いて］とゝのへ取^とりたる方，おどろおどろしからぬも，なまめかしく［しみじみとして］すごう［すばらしく］おもしろく，所^{ところ}から［場所の様子］はまして［ことさら］聞^きこえけり（若菜下．柳井滋他編新日

本古典文学大系21『源氏物語』三，岩波書店，1995年，p. 323．ルビは原文，
[　]の補いは津上による）

　非常に鋭い観察だと私は思う。大陸由来の外来音楽と違い，東遊のよ
うな日本伝来の音楽は波と風の音に「響き」合う。高い松を渡る風の音
に笛を「吹きたて」ると，その音が「ほか（よそ）にて聞く調べ」とは
違って「身にし」みると言うのは，笛の音がそれ単体として聞かれるよ
り，松籟（しょうらい）に合わせたときの方があじわい深く，吹き手もそれを目指して
「吹きたて」るというのである。それだけではない。鼓ではなく拍子
（木製打楽器）とリズムを合わせる琴（こと）の音によって，「所から」（ところがら）（所柄）
すなわちその場所らしさが，「まして」すなわち引き立って，聞こえる
という。つまりその場の特徴や雰囲気が，それ単体である時より，音楽
を聞きながらの方が，一層深くあじわわれるというのだ。現代日本人に
は，この最後の感じ方はもはや縁遠いものと響くかもしれない。しか
し，突飛かもしれないが，これを花見における飲食に置き換えるとどう
だろう。我々はただ花を見るより，飲み，食べしながら見る方が，花の
艶やかさや春のうららかさを，一層強くあじわえると感じているのでは
ないだろうか。自然をあじわう際に，しかるべき人為を少し加えること
で，その自然が人間に近づき，あじわいが深まるということだ。
　その問題には第3章の最後でもう一度立ち帰るとして，ここでは楽音
と自然音を峻別せずむしろ引き立て合うものと見るこの日本古来の感じ
方が，西洋的音楽観の対極であることを確認しよう。西洋の考え方で
は，音楽は自然音・雑音を遮断することから始まる。コンサート・ホー
ルの遮音は，中の楽音を外に出さないためのものではなく，外の雑音を
中に入れないためのものだし，演奏会中，静寂を保つことが求められる
のも，楽音を邪魔しないためだ。この楽音と自然音・雑音の峻別は，日

本古来の感じ方に照らして，西洋固有の特殊な考え方であることがわかる。このように，操作できる音だけを音楽の素材と見るこの西洋的な前提は，複数ある選択肢の1つに過ぎない。そしてその前提に立って初めて，音の操作としての音楽という考えが成り立つことができるのである。それが，ムーシケーという概念の特殊性である。

（4）「ムーシケー」の意味変遷

　ではあらためて，「ムーシケー（μουσική, mūsikē）」とは何なのだろうか。それは「ムーサの女神たち Mūsai のわざ」を語源としている。後世の整理によると，この9人の女神は，叙事詩（カッリオペー），歴史（クレイオー），音楽（エウテルペー），喜劇（タレイア），悲劇（メルポメネー），舞踊と合唱（テルプシコラー），抒情詩と恋愛詩（エラトー），合唱隊歌（ポリュームニアー），天文（ウーラニアー）を司る。このうち，音楽および舞踊と合唱，合唱隊歌はもちろんのことだが，叙事詩，喜劇，悲劇，抒情詩と恋愛歌も，ギリシャ世界ではその演示に歌すなわち音の操作の要素が含まれていた。しかし歴史と天文は演じるものではなく，音の操作と結びつきそうにない。「ムーサ」の語源ははっきりしないようで，「音」と直接関係するかどうかはわからない。結局「ムーサイのわざ」は，必ずしも音の操作を意味しない。

　古典時代におけるムーシケーは，哲学者プラトーン Platōn（前427-347）の次の証言が陰画として映し出すように，歌と語りと踊りが一体になったものを指していたと考えられる。

　（引用1-3）　作家たちは，散文に韻をつけては，リズムと身振りを旋律から切り離したり，反対にまた，歌い手ぬきで竪琴や笛の音を用いては，歌詞のない旋律とリズムをつくったりもするのです。じつにこういう状況で

は，リズムやハーモニーに言葉が伴っていないものですから，それがそもそも何を意図しているのやら，また語るに値するほどのどんな原像に似ているのやら，その認識がきわめて困難となるのです。むしろ，［ひとは］次のように考えなくてはなりません。こうしたやり方はすべて，敏速，技巧，動物的音声を愛好するあまり，笛や竪琴の音を，踊りや歌の伴奏以外においても用いているわけで，きわめて粗野なものであると。けだし笛，竪琴，いずれにせよ，歌い手ぬきで，ただそれだけで用いるというやり方からは，音楽の教養とはまったく関係のない，金銭目当ての巧妙さが生まれてくることになるでしょう。(『法律』669D-E森進一，池田美恵，加来彰俊訳，岩波版プラトン全集第13巻，1976年)

　ここで「韻」と訳されたmetraは，meterすなわち音楽的に見れば拍子に当たる，言葉のリズムであり（これについては第2章で少し詳しく見る），「身振りschēmata」は「踊りorchēsis」と同義，「旋律melos」と「ハーモニーharmonia」は，メロディを指す。また「音楽の教養と…関係のない」と訳されたamousiaは，ムーシケーmousikēの否定態である。すると，ここでプラトーンが槍玉に挙げるのは，まず歌のない語りと踊り（語り手と踊り手は別であったかもしれない），次に器楽である。彼は後者を「きわめて粗野」，「金銭目当て」と決めつけ，ムーシケーの対極に置く。理想的国家において，人々を徳に導く役割をムーシケーに期待するプラトーンにとって，言葉なしに，したがって誰を描いている（「原像に似ている」）のかがわからない器楽のようなものは，およそ価値ないものと映ったのだろう。逆に，彼の理想とするムーシケーとは，言葉と歌と踊りが一体となって有徳の士を描くような，ある種，全人的活動である。ここでは，ムーシケーは未だ音の操作に局限されない広い意味を持っていた。

　しかしまさに上のプラトーンの言葉が語るように，それは変質の途上にあった。彼が強い言葉で器楽を非難するのは，それだけ強い脅威と感

じていたからだろう。つまりムーシケーは言葉からも踊りからも切り離され て，専ら音の操作活動になろうとしていた。例えばプラトーンの弟子のアリストテレース Aristotelēs（前384-322）が若者の教育科目として，読み書き，体育，図画とならんで「ムーシケー」を挙げるとき（『政治学』第8巻第3章），その内容は言語や舞踊から独立した「音楽」と理解しなければならないだろう。彼は同書で次の注目すべき発言を行なっている。

> （引用1-4）　音楽は本性上，甘美な楽しさを与えるものである。さらに，音階とリズムに対する親近性も存在するように思われる。それゆえ，知者たちの多くが，魂は調和（ハルモニアー）であると言ったり，魂は調和を持つと言ったりするのである。（『政治学』第8巻第5章。神崎繁，相澤康隆，瀬口昌久訳，新版アリストテレス全集第17巻，2018年，p. 431）

「音階」と「調和」はともにharmoniaの訳であり，それは直前のプラトーンからの引用で見たように，メロディすなわち高さに関する音の配列を意味する。すると，長さに関する音の配列であるリズムと合わせて，アリストテレースは，この章の始めに見た西洋的な音楽感性と同じ見方でムーシケーを見ていることになる。古代ローマ人が外来語として輸入したのはこの意味のムーシケーであった。楽音の組み合わせとしての音楽という考え方は，こうしてギリシャから西ヨーロッパに，そしてやがて日本へと伝わった。

　ここからわかるのは，「音楽」という概念が，水や空気がそこにあるように天然自然のものなのではなく，ギリシャという一地域，しかもその一時代の人々の特殊なとらえ方に発しながら，その後世界の多くの民族が受け入れ，守り通した歴史的産物であることだ。

　人の「魂」すなわち心の調和，および心と音楽の「親近性」ないし同族性については，第3章で取り上げる。

参考文献

1. ギルバート・ハイエット『西洋文学における古典の伝統』上・下巻，柳沼重剛 訳，筑摩書房，1969年，原著は1949年
2. 国安洋『音楽美学入門』春秋社，1981年
3. 山田孝雄『源氏物語の音樂』寶文館，1934年

学習課題

1. 「音楽とは何か」という問いに，あなた自身の経験を踏まえながら，しかしなるべく客観的に答えなさい。国語辞典の「音楽」という項目を執筆するつもりで書きなさい。
2. 本章で例に挙げた仏僧の読経のように，西洋的音楽観と日本的音楽観の違いが明らかになる場面を探しなさい。
3. 現代の日本語で「音楽（音楽家）」と「ミュージック（ミュージシャン）」はどのように違うと考えられるか。何（誰）をそう呼ぶか，どのような場面でそう呼ぶかを検討しなさい。

2 | 古代ギリシャの音楽理論と今日の西洋音楽

津上英輔

《目標＆ポイント》 前章に続き，西洋音楽全体の根底にあるギリシャの伝統について学ぶ。この章では，音の高さと長さについて，ギリシャ人の行なった数理的解析が西欧に受け入れられ，音楽理論の伝統を成した経緯を見る。音の高さとは，メロディと和音の尺度であり，長さとはリズムの尺度である。つまりメロディ，リズム，和音という西洋音楽の三大要素のすべてについて，古代のギリシャ人は構成と分析の理論を構築したのであり，それは現代の我々の音楽の作り方と聴き方を強く支配し続けている。
《キーワード》 音階理論，ピュータゴラース，セイキロスの歌，記譜法，自由人学芸

1. 西洋系音楽の共通特徴

（1）音高と音価のディジタル性

　西洋音楽ではしばしば「編曲」が行なわれる。編曲とは「ある楽曲を他の楽器用に編みかえたり、他の演奏形式に適するように改編したりすること」（『広辞苑』第7版）だが，この「ある楽曲」とは五線譜に書き表わせるもの，すなわち究極的には高さ（音高）と長さ（音価）に関する音の組み合わせのことである。音色や強弱，あるいは全体のテンポや音域などが多少変わっても，同じ「楽曲」と認められるのに対して，音の高さと長さの組み合わせだけは変えられないということだ。つまり，西洋の音楽感性では，音の諸々のアスペクトのうち，高さと長さが，他

のアスペクトとは次元の違う特権的な地位を占めているのである。日本伝統音楽では編曲に当たるものがさほど頻繁に行なわれないことからしても，これは西洋音楽特有の性格であることがわかる。

　ところで，クラシック，ポピュラーを問わず，世界中の音楽の大半，すなわちいわゆる民族音楽と前衛音楽を除いた西洋系の音楽は，一聴してわかる共通特徴を備えている。それは音高と音価が一定の刻みに即していることだ。音価について言えば，一定の拍に基づいて「1，2，3，4，1，2，3，4….」などと数えられるし，音高についても，ド，レ，ミなどの階名なり，ハ，ニ，ホなどの音名なりに当たっていて，その中間の刻みに落ちたり，どっちつかずであることを許さない。もちろん，実際の音が物理的に刻みから外れることはある。いずれかの拍を強調したり，徐々にリタルダンドしたりという操作は当たり前だし，メトロノームどおりの演奏は逆につまらない。音高にしても，ピアノやシンセサイザーのように鍵ごとに出る音が固定している楽器を除く多くの楽器や声において，メロディの中で音を少し高めにあるいは低めに取るほうが，一層そのメロディらしく聞こえることも多い。それは物理的にずれていても，音楽的には一層よく刻みに当たっている。もし聞いていて，第1拍か2拍かわからなかったり，シかドかはっきりしなかったら，それは失敗した演奏だ。このように，西洋系音楽の性格として，音の諸々のアスペクトのうち，高さと長さが特権的で，しかもディジタルである。

　この性格は古代のギリシャに始まり，西欧中世に受け継がれて今日に至っている。まず音の長さについて見よう。

（2）リズム

　リズムとは流れであり，勢いである。このつかみどころのない概念

は，西洋では拍子meter, measureという，規則的でとらえやすい概念
に結び付けられている。2分の2拍子，4分の3拍子などは，数えたり，
図示したりできる。このmeterという語も，実はギリシャ語で，「尺度」
という一般的意味から，イアンボス，ダクテュロスなど，詩律における
「格調」をも指した。古代ギリシャ語では，母音の長短が明確に区別さ
れ，それに子音を組み合わせた音節syllableも，短と長に分けられた。
その組み合わせが「詩脚foot」で，イアンボスは短・長，ダクテュロス
は長・短・短の音節から成り，古代の韻文はこのような詩脚を，決まっ
た数だけ重ねて作られた。例えば古代のギリシャで詩（文学）の最高峰
と見られたホメーロスの叙事詩『イーリアス』と『オデュッセイア』
は，ダクテュロス6脚を1行とする。つまり長・短・短の音節を6回繰
り返すわけである（ギリシャの詩律構造については参考文献4を参照）。
　この脚は音符で♩♪♪と書き表わすことができる。叙事詩の場合，1
行はそれを6回繰り返すので，

　♩♪♪｜♩♪♪｜♩♪♪｜♩♪♪｜♩♪♪｜♩♩｜‖

となる。これを音楽的に記述すれば，4分の2拍子，6小節の楽句という
ことになるだろう。しかしこのようにギリシャの詩律構造を現代の音符
に書き換えることができるのは，偶然ではない。なぜなら，ギリシャの
詩には短音節2つを長音節1つで置き換えることができるという規則が
あり，実際の詩作品の中で普通に行なわれているからである。これは理
論的には，音符の2分割と同じ原理である（ただし，ギリシャの詩では，
原則的に長音節1つを短音節2つで置き換えることはできない）。つま
りギリシャの詩律が，もともと2分割という数学的原理を内包していた
のである。また，叙事詩がダクテュロス6脚を1行とし，作品中，終始
同じ詩律が繰り返されるのは，作品全体が音節に関して一定の数的規則
に従っていることを意味する。韻文である限り，他の詩種でも同じこと

が言える。そして後で実例に則して見るように，ギリシャの歌では，音
符の長さは基本的に詞の音節の長さに即していた。

　このように，ギリシャの音楽は（第1章引用1-3で見たように，プラ
トーンにとって器楽は大きな脅威であったが，大局的に見ればまだまだ
周辺的存在でしかなかった），詩律の構造からリズムのディジタル性を
受け継いだ。

（3）音階

　次に，音の高さを見よう。それに刻みがあるということは，サイレン
音のように連続的に変化するのではなく，音階に即しているということ
である。音階とは，我々に馴染みの深い西洋音楽で言えば，ドレミファ
ソラシドの音の並びのことで，そこでは，下のドと上のドの間のオク
ターヴ（8度），下のドとソの間の完全5度，ドとレの間の全音のよう
な，音と音の隔たりすなわち音程が定まっていなければならない。この
音程が数比で説明できることを「発見」したとされるのが，前6世紀の
哲学者ピュータゴラースPythagoras（ピタゴラスと表記されることも
ある）である。その一部始終は伝説として伝えられている。次の引用は
紀元後1-2世紀のピュータゴラース派哲学者ニーコマコスNikomachos
の『調和綱要Harmonikon encheiridion』からのもので，これがギリ
シャ語文献におけるこの伝説の初出である。

　（引用2-1）　［ピュータゴラースは］ある時，ちょうど視覚がコンパスや定
　規あるいは角度計から，あるいは触覚が天秤や物差し類の考案から補助を
　得ているのと同様に，聴覚の働きを確かで間違いなく助ける何か補助手段
　を考案できないものかと，思索と考察に没頭しながら，鍛冶屋のそばを逍
　遙していた。そのとき彼は，或る神的な巡り合わせによって，鎚が金物を

金敷に打ち付ける際に，一つの組み合わせを除いて，互いにあい和しこの上なく協和した響きを発しているのに耳を止めた。彼はその中に，オクターヴと5度と4度の唱和を認めた。4度と5度の間［全音］はそれ自体としては不協和であるが，他方その中の大きい方［5度］を作り上げる［4度＋全音＝5度］ものだということを彼は見て取っていた。そこで彼は神のお陰で自分の目的が達成されたと喜び勇んで鍛冶屋に駆け込み，様々の試みによって，響きの違いが鎚の大きさに応じていて，打つ人の力や鎚の頭の形や鍛造される金物の置き換えに応じているのではないことを発見した。そこで彼は，分銅に厳密な注意を払い，鎚の中で最も等しい重さ［のもの］を自分用に取り分けた。そして，何らかの違いがここから少しでも生じないように，また棹ごとの個別性ゆえに食い違いが生じたのではないかという疑いがまったくもたれないように，両方の壁の角から角に或る1本の棹をわたし，それに，同じ材質で縒りの数が等しく，太さと縒り方の等しい4本の腸弦を吊るし，並べて掛け，下の方におもりを結びつけた。また，腸弦の大きさ［太さ］をどの部分でもこの上なく等しくなるよう工夫し，次に腸弦を一度に2本ずつ弾いて，組み合わせを変えて交互に先述の協和音程を見出した。つまり，まず最大のおもりによって引かれる腸弦は最小のおもりによって引かれる腸弦に対してオクターヴを発音しているのをとらえた。その一方は12単位の重さであり，他方は6単位であった。そこで彼は，オクターヴを2倍の比にあるものと述べたが，これはおもりそのものの示すところであった。また，やはり最大の［おもりに引かれた］腸弦が最小の［おもりに引かれた］腸弦のとなりの腸弦（これは8単位の重さであった）に対して5度で協和しているのをとらえた。彼はここから，それが1倍半の比にあることを証示した。実際，重さの単位も互いにその比にあった....（『調和綱要』pp. 245-247 Jan. 津上訳）

オクターヴは2：1，完全5度は3：2のような比を，ピュータゴラースはこうして発見したというのだが，この記述はピュータゴラースの生きた紀元前6世紀から数百年後のもので，そもそも眉唾ものである上に，物理学的にも，弦に付けた重りつまり弦の張力と音高はこのよう

な対応をせず，張力の2乗に対応するようだ。伝説の信憑性と，そもそも本当にピュータゴラースその人がこの法則を発見したかはともかくとして，この「発見」はその後のギリシャ音楽理論の出発点となった。

（4）音程と弦長比の厳密な対応

　その歴史を見る前に，音高と数比の対応を整理しておこう。ここでは弦の張力ではなく，多くの古代音楽理論書に合わせて弦の長さで見ると，オクターヴの音程は弦長比2：1，完全5度は3：2，完全4度は4：3に対応する。全音は3：2と4：3の差だから9：8である。例えば全長60cmの開放弦がドの音を出すとすると，その弦を半分のところで押さえて（ギターで言えば第12ポジション），長さ30cmの部分を鳴らすと，1オクターヴ上のドが出る。同様に40cmの部分を鳴らすと（第7ポジション）ソの音，45cmの部分を鳴らすと（第5ポジション）ファの音が出る。60cmの8／9である約53.3cmの部分を鳴らすと（第2ポジション）レの音になる。

　ところで，古代のギリシャ人はオクターヴ，5度，4度だけを協和音程すなわち一つの響きに溶け合う快い音程と認めた。するとこの3つは，弦長比

　（n＋1）：n　（nは3以下の自然数）

の公式に当てはまる。しかもこの公式に当てはまるもので，上の3つ以外の音程はない。つまり，耳の判断と説明原理が完全に一致しているのである。そして感覚がとらえるものは現象と言い換えられるから，協和音程とは，理論が現象を完全に説明できる場面なのである。ピュータゴラース派の哲学者たちはここから，世界の全事象が数で説明できると考えた（次章引用3-1参照）。音楽理論がこれほど哲学の中心問題に関係する例は，他に見当たらない（ただし，これは理論の完全勝利とは言え

ない。なぜなら，オクターヴ，5度，4度を協和音程と認め，例えば長短の3度を認めないのは，ギリシャ人の好み，もっと言えば，普段どのような音楽を聴いているかによる。言って見れば，人の好みを後付けの理論で説明しているに過ぎない。とは言え，この範囲の中だけで見れば，現象と理論の対応は鮮やかである）。

（5）音階理論

　話を音階に戻そう。この「発見」によってオクターヴ，5度，4度の協和音程が確定され，そこから5度と4度の差としての全音，そして4度と2全音の差としての半音（レインマ）が導き出される。かくしてオクターヴの音階ができあがる。これが音階理論の基礎である。この基礎に立って，ギリシャの音楽理論家は，い（A）からイ（a′）の2オクターヴに渡る「大完全音組織」という音階を打ち立て，その15音に，次の名を与えた（左のイ，ろなどは各音の絶対的音高を今日風に言い換えたものだが，a′=440Hzのような厳密な基準に従うものではない）。それぞれの音を，個別的存在として確保したのである。

イ	ネーテー・ヒュペルボライオーン nētē hyperbolaiōn
ト	パラネーテー・ヒュペルボライオーン paranētē hyperbolaiōn
ヘ	トリテー・ヒュペルボライオーン tritē hyperbolaiōn
ホ	ネーテー・ディエゼウグメノーン nētē diezeugmenōn
ニ	パラネーテー・ディエゼウグメノーン paranētē diezeugmenōn
ハ	トリテー・ディエゼウグメノーン tritē diezeugmenōn
ロ	パラメセー paramesē
イ	メセー mesē
ト	リカノス・メソーン lichanos mesōn
ヘ	パリュパテー・メソーン parhypatē mesōn
ホ	ヒュパテー・メソーン hypatē mesōn
ニ	リカノス・ヒュパトーン lichanos hypatōn
ハ	パリュパテー・ヒュパトーン parhypatē hypatōn
ろ	ヒュパテー・ヒュパトーン hypatē hypatōn
い	プロスランバノメノス proslambanomenos

　他方，音楽理論家たちは，4度を構成する3つの音程の関係であるゲノスや，オクターヴを構成する7つの音程（5つの全音と2つの半音）の並べ方であるトノス（旋法）の理論体系を築き上げた。それは「調和論 harmonikē」という研究分野として，しばしば数学者の扱うところとなった。代表的理論書に，前4世紀のアリストクセノス Aristoxenos の『調和原論 Harmonika stoicheia』，前300年頃の数学者エウクレイデースの著とも伝えられる『カノーンの分割 Katatomē kanonos』，後2世紀の数学者・天文学者プトレマイオス Klaudios Ptolemaios の『調和論 Harmonika』がある（アリストクセノスとプトレマイオスの著作は参考文献2に収められているほか，参考文献5に簡単な要約がある）。

2. 古代ギリシャの音楽

(1) セイキロスの墓碑銘

　さて，音階論の具体的副産物に，記譜法すなわち楽譜を書き記す規則がある。記譜法には，「こう弾け」と，音の出し方を示す楽器別の奏法譜（タブラチャあるいはタブ譜）と，「この音を出せ」という発音の結果を示す方式があり，後者の多くは音階論の存在を前提とする。我々の親しんでいる五線譜は後者の代表である。古代ギリシャにも，それに似た楽譜があった。それはギリシャ語のアルファベットおよびそれを変形した文字によって個々の音の高さを表示するもので，後4世紀ギリシャのアリューピオス Alypios の『音楽入門 Eisagōgē mūsikē』によって表の形で伝えられている。

　ここではその仕組みに立ち入る代わりに，実際にその記譜法で書かれた作品を紹介しよう。次ページの図2-1は，19世紀にトルコ，アイドゥン Aydin 近郊で鉄道建設工事中に出土した円筒形の墓碑で，現在コペンハーゲンのデンマーク国立博物館にある。文字の字体から，紀元後1世紀のものであることがわかる。すべて大文字のギリシャ語で刻まれた墓碑銘に，施主と思われるセイキロス Seikilos の名を含む墓誌と音符付きの歌が含まれている。

図2-1　セイキロスの墓碑（Copenhagen inv. 14897 (No. 23). 参考文献7，p. 88）

　２枚の写真は，同じ円筒をやや左とやや右から撮ったものである。上部の5行の連続的文字列（墓誌）に続いて，ＣＺＺＫＩＺＩと，間隔を置いた7文字の行があり（これは行数に数えない。またここでは文字上の点と線を省く），その下の第6行はＯΣＯＮＺＨΣΦＡＩＮＯＹの連続的文字列，次の狭い行にはＫＩＺＩＫＯの6文字，その下の第7行はＭＨＤＥＮＯＬΩΣΣＹの連続的文字列... と続く。このうち，第6行

の上のCZZKIZI、そして第7行の上のKIZIKOが音符で，すぐ
下のOΣON...，MHΔEN... の詞の文字に対応している。

（2）曲のリズム構造

　それを活字にしたのが図2-2である。左の6，7などの数字は墓碑上
の行番号を表わす。この行分けは単語の切れ目を尊重する（つまり1つ
の単語の途中で行を換えない）ものの，詩形（自由なイアンボス2脚律
と考えられる）には即さず，石の幅に合わせて1つの詩行を切り，ある
いは2つの詩行を繋げている。最初の行の第1のZの上の横線（ー）は
音価が2倍であることを，次のZの上に見られる鉤付きの横線（⌐）は
3倍であることを示す。すなわち第6行の第1音節o hoは短音節で，横線が付されないが，次のcov sonは最後のvの次に次の語の最初の文字ζが続くので，位置上長く（long by position），それに応じて音符にも横線が付されている。次のζηc zēsは長母音η ēを含むので長音節だが，これ1つで詩律上1つのイアンボス脚（短長）に相当するので，短音節3つ分と見て，音符では3倍の音価が与えられている。このように，歌の音符の長短は基本的に詞の音節の長短に一致する。
　その詞を現代風表記に直して詩形

```
    C  Z̄  Z̄  KIZ  ⌐
 6  o  cov ζη cφαι νου

    K̄  I  Ż  IK  O
 7  μη δε νο λω cc υ

    C̄  O  Φ    C  K  Z
 8  λυ πο υπ ρο cο λι -

    i  Ki  K  C̄  O  Φ
 9  γο νε cτ ι το ζη ν

    C  K  O  i  Ż
10  το τε λο cο χρο -

    K̇  C  C̄  C X ⌐
11  νο cα παι τει
```

図2-2　ギリシャ式記譜によるセイキロスの歌（参考文献7，p.88）

に合わせ，文字譜を五線譜に直したものが，図2-3である。

図2-3　五線譜によるセイキロスの歌（参考文献7，p. 89）

行を尊重しながら詞を日本語に訳せば，次のようになる。（津上訳）

生きている限り，輝いていなさい

あなたは決して思い悩んではならない

生は短い

時は終わりを求めるのだ

（3）ギリシャ式記譜法と五線譜

詞の内容と歌の評価は措くとして，ここで問題にしたいのは，ギリシャ式文字譜（図2-2）と現代の五線譜（図2-3）の関係である。アリュービオスの記譜法の説明を省略したので（興味ある読者は，参考文献6，pp. 593-607または簡便には参考文献3，pp. 147-151を参照されたい），結論だけを言えば，この書き換えには何の解釈も異論の余地もない（全体の絶対的音高と基本音符を八分音符とするか四分音符とす

るかは問わない)。つまり，ギリシャ式文字譜は五線譜に，ほぼ完全に一対一対応する。象徴的に言えば，ギリシャ人は表記法こそ異なれ，五線譜で曲を記録した。

　曲を聴けばすぐにわかるとおり，この楽譜に記されているものは，実際の歌の様々なアスペクトのうち，音の高さと長さでしかなく，表情，テンポから始めて，伴奏や装飾の有無，歌い手の音域など，大切なものが一切記されていない。演奏習慣が伝承されていれば別だが，もちろんそれもない。したがって，この楽譜から古代ギリシャの音楽の実態がわかると思えば早合点になる。しかし他方，ギリシャ人が楽譜によって伝えようと思った相対的音高と音価については，我々は完璧に知ることができるのである。その限りで，我々はもともと表情記号やアーティキュレーション指示のほとんどないバッハのクラヴィーア曲を持っていると言うのに準じた意味で，セイキロスの歌を持っていると言うことができる。

　原理がこれほど等しいとわかると，我々は次に，このギリシャの記譜法が何らかのしかたで読み替えられて今日の五線譜に変化したのだろうかという疑問を抱きたくなる。しかし直接の関係としては，そうではない。ただ，音階理論は「最後の古代人にして最初のスコラ学者」と言われるボエーティウス Anicius Manlius Severinus Boethius（後480年頃–524頃）を通じて西欧中世のラテン語世界に受け継がれ，その後のヘクサコード理論や旋法理論の基となった。後にネウマ譜に譜線が加えられて，音同士の相対関係を示すようになった（これについては第4章1（3）「聖歌の記譜」を参照）ときに，この音階理論が基礎となった。その発展形が，今日の五線譜である。つまりギリシャ式文字譜と五線譜は，同じギリシャの音階理論から別々に生まれたきょうだいのようなものだ。ではその2つはどのような点で似ているのだろうか。

　第1に，どちらも音の出し方を指示するタブラチャ（タブ譜，奏法譜とも言う）と違って，発音すべき音そのものを指示する。その中でも，次の音への進行やいくつかの音のまとまりを示すネウマ譜と違って，個々の音の位置を示す。これはメロディというものが動き（進行）であり流れであることを考えるとき，むしろ特殊な選択とすら言える。それを，ギリシャ式文字譜と五線譜は共有しているのである。そしてその前提は，上述のとおり，ギリシャ人が音階の各音に名を付けて個別化したことにある。

　第2に，そうして指示される個々の音は，長さに関しては2倍，3倍などの比に即し，高さに関しては全音と半音の刻みに合っている（ここでは，種々の半音と四分音を便宜上まとめて「半音」とする）。

　第3に，どちらも基本的に音高と音価だけを表示する。「基本的に」と言うのは，五線譜に徐々に発想，速度，強弱などに関する表示が付加されるからであるが，それらを一切持たない五線譜が考えられ実際に存在するのに対して，それらだけで，音高と音価を表示しない五線譜は（よほど前衛的な作品を除いて）考えられない。この音高と音価の特権化は，この章の始めに述べたように，今日の西洋系音楽の基本特徴の一つである。

　以上3つの点をまとめると，ギリシャ式文字譜と五線譜は，楽曲の個々の音について，高さと長さの刻みに即した位置を表示する。これはこの章の始めに述べた西洋系音楽のディジタル性そのものである。ギリシャ式文字譜はその特徴を余すところなく示している。このように，今日の西洋音楽は，ギリシャの記譜法と，それを編み出したギリシャ人の音楽感性の特徴を忠実に守り通している。

3. 古代ギリシャから中世西欧へ

（1） ムーシカの理論的性格

　我々は前の章の引用1-1で，紀元後１世紀の弁論家クィーンティリアーヌスが，ギリシャ語ムーシケーを特殊ギリシャ的な営みとして，ラテン語には訳せないと発言しているのを見た。その理由の１つは，活動の脈絡から切り離して，音の操作の部分だけを取り上げる観点であった。そしてもう１つが，これまで見たように，理論に裏付けられた実践という点である。引用文で，音楽の前と後に哲学と幾何学が置かれていたことを思い出そう。彼が音楽に認めていた学問的ないし理論的性格というものが，音程と弦長比の対応のことであるのは，もはや明らかである。この考え方を知る前の古代ローマ人は，歌を歌い，笛を吹く土着の営みが，音階理論に立脚した記譜の対象になるなどとは，おそらく思ってもみなかっただろう。

　そしてその理論の内容は，古代も終わろうとする紀元後500年前後に，前出のボエーティウスによってラテン語に訳され，以後の西欧人の共有財とされた。彼は５巻からなる『音楽教程De institutione musica』において，ギリシャの音階論を紹介する中に，ギリシャ式文字譜も一部含めているが，具体的楽曲は言うに及ばず，歌唱，演奏や作曲法については何一つ述べていない。彼はこうして，古代ギリシャの音楽理論を西欧中世に移入する働きをした。

（2） 中世の「自由人学芸」

　中世では，中等教育の科目として７つの「自由人学芸artes liberales」が定められた。これは現代でも，大学などの教育理念として唱えられる「リベラル・アーツliberal arts」のもととなった考え方だが，注意しな

ければならないのは，この"liberal"が「自由な」の意味で"arts"の内容を形容するのではなく，「自由人の」，「自由人にふさわしい」の意味で，"arts"の社会的位置づけにかかわることだ。古代，中世の時代，奴隷や農奴ならざる「自由人」とは，要するに特権階級のことだから，我々にわかる感覚で言えば「貴族」に近いかもしれない。その７つの自由人学芸は文科系の３つ（文法，修辞，弁証）と理科系の４つ（算術，幾何，天文，音楽）から成っていた。音楽が理科系の科目とされたのは，言うまでもなく音程と弦長比の対応からである。この教科は中世の時代に著しい発展を遂げた。それは，西欧人の好む３度を嫌い４度の方を好むというように，多かれ少なかれ異質な音楽感性に立脚すると思われるギリシャの音楽理論を換骨奪胎して，自分たちの実践に合った理論に作り替える創造の過程であり，その中でヘクサコードやいわゆる教会旋法の理論が確立された。自由人学芸の教育体制はルネサンス以降，徐々に廃れていったが，古代ギリシャの音楽理論は，姿を変えて西欧の音楽理論と音楽実践の中に生き続けた。今日の西洋系音楽のディジタル性は，その直接の帰結である。

参考文献

1. グラウト・パリスカ『新西洋音楽史』上巻，戸口幸策他訳，音楽之友社，1998年
2. アリストクセノス，プトレマイオス『古代音楽論集』，山本建郎訳，京都大学学術出版会，2008年
3. 笠原潔・徳丸吉彦『音楽理論の基礎』放送大学教育振興会，2007年
4. 逸身喜一郎『ギリシャ・ラテン文学：韻文の系譜をたどる15章』研究社，2018年
5. 津上英輔「西洋古代と中世の音楽論」根岸一美・三浦信一郎編『音楽学を学ぶ人のために』世界思想社，2004年，pp. 18-32

6. Thomas J. Mathiesen, *Apollo's Lyre: Greek Music and Music Theory in Antiquity and the Middle Ages*, Lincoln and London: University of Nebrasca Press, 1999.
7. Egert Pöhlmann and Martin L. West, *Documents of Ancient Greek Music: The Extant Melodies and Fragments*, Oxford: Clarendon Press, 2001.

学習課題

1. 日本の短歌，俳句あるいは漢詩では，文字数が決まっている。これは，古代ギリシャの詩の数理的性格とどのように異なるかを説明しなさい。
2. 音楽では，音程と弦長比が厳密に対応し，耳（感覚）のとらえる調和が知性の解する数比で完全に説明できる。それと似た現象が，絵画における色と色の関係，あるいはその他の場面に存在するか，考えなさい。
3. 参考文献3の第5章を参照しながら，古代ギリシャの旋法（トノス）の体系と西欧中世の教会旋法の体系を比べ，その異同を確かめなさい。

3 | 聞こえない「音楽」

津上英輔

《**目標＆ポイント**》 古代ギリシャ人は，月や星などの天体が（地球を中心とした）運行に伴って妙なる音楽を奏でているという美しい表象を共有していた。この「聞こえない音楽」の観念は中世の西欧にも伝えられ，「宇宙の音楽」，そして「人間の音楽」として，多くの人の共有するところとなった。この思想は，音楽を音楽そのものとしてとらえる近代的な自律主義に対して，我々の日々の音楽実践を，宇宙の構造のような超越的なものとの関係に置く考え方である。近代人が忘れてしまったこの思想を学ぶことは，我々自身の音楽観に奥行きを加えるはずである。
《**キーワード**》 宇宙の音楽，3つの音楽，ピュータゴラース派，プトレマイオス，ボエーティウス，ケプラー

1. ギリシャの理論

（1）様々な呼称

　宇宙に，耳に聞こえない音楽が存在しているという考えはおそらく古代のバビロニアに起こり，ギリシャに伝えられた。興味深いことに，ギリシャ人自身はこの観念に一定の名称を与えなかった。この観念が特定の詩人なり学者なりによって提唱されたのではなく，おそらく民間の俗信のようなものに起源を持つからではないかと，私は考えている。「世界の音楽 music of the world」，「天体の音楽 music of the spheres」，「宇宙の調和 harmony of the universe」などの近代的呼称が様々であるのは，もとを辿ればここに原因がある（無限空間としての「宇宙」を我々

48

の環境としての「世界mundus」から区別する発想は古代人にはなかった。ここでは適宜「宇宙」と「世界」を併用する）。

（2）ピュータゴラース派における数と調和

さて，宇宙の音楽の数学的説明は，当然ピュータゴラース派に始まる。アリストテレースは『形而上学』で，彼らが宇宙を音階と考え，あらゆるこじつけを使ってそれを説明しようとする様を批判している。

> （引用3-1） さらに，［ピュータゴラース派の人々は］音階についても，その特性や原理を数のうちに認めたので，…数の基本要素をすべてあるものの基本要素であり，全宇宙は調和であり，数であると考えたのである。そして，数や音階の中に，宇宙の諸特性や諸部分，さらに宇宙の全秩序と一致しているのを示すことができるものがあれば，それらを集めて，自分らの体系に適合させた。そして，いささかでも欠けるところがあれば，どこまでも自分たちの体系全体が一貫したものであることのほうを望んだのである。というのも，例えば，10は完全数であり，数の本性をすべて包含しているように思われるので，宇宙を周行している天体の数も10であると彼らは主張するのであるが，目に見える天体は9つしかないので，そのために，10番目の天体として対地星（アンティクトーン）なるものを考え出したのである。（アリストテレース『形而上学』第1巻第5章．985b31-986a12．DK58BB4. 内山勝利他訳『ソクラテス以前哲学者断片集』岩波書店，第3分冊，1997年，p. 152）

ここで「音階」および「調和」と訳されているのは，ともにharmoniaという同じ語である。同じ語を文脈によって訳し分けなければならないのは，その語が異なる意味で使われているからである。逆に言えば，別々の意味を同一の語が結び付けているということだ。同じことは「原理」にも言える。この原語はlogosであり，数学的な「比」も意味する。つまり，ピュータゴラース派は諸天体の調和的運行が数とい

う原理で説明できることと，調和的音階が比という原理で説明できることとを重ね合わせたのである。この2つの語の多義性はギリシャの哲学と音楽論において，重要な役割を果たした。

　アリストテレースが『魂について De anima』（第2巻第4章）において，おそらくピュータゴラース派について報告するように，彼らは人の魂も一種の調和であると考えていた。また彼らは，音楽が人間に及ぼす強い心的作用にも気づいていた。

（引用3-2）　アリストクセノス［前4世紀］の言うところでは，ピュタゴラス派の人たちは，医術によって身体の「浄化」をおこない，音楽によって魂の「浄化」をおこなったという。(*Anecdota Parisiensia I* 172 Cramer. DK58D1. 邦訳同書，p. 187)

　ここで言われているのは，疑いなく耳に聞こえる音楽である。しかしその音楽が心と同じ調和という原理によっているのなら，音楽から人の心への作用を，その同じ原理から説明しようとしても不思議はない。ここに，宇宙（マクロコスモス）と人（ミクロコスモス）との照応と両者への音楽の作用とを1つのものと考える後代のプトレマイオスとボエーティウスの理論の萌芽を見ることもできよう。

　かなり時代が下って，紀元後2世紀のピュータゴラース派の学者，ニーコマコス（前章引用1-1で既出）は，月，金星，水星，太陽，火星，木星，土星の順に並ぶ7天体ごとの地球からの距離（高さ）を，音階における各音に重ね合わせる素朴な対応理論を呈示している。その際，現代の我々なら最も低い位置にある月を音階最低音に対応づけるだろうが，ニーコマコスは逆に最高音を宛てている。それは最高音が最も短い弦から発せられるからであり，またギリシャ語では現代の「高い」音を「鋭い oxys」，「低い」を「重い barys」と形容して，音を「高低」

と表象する習わしがなかったからである（ラテン語でも「鋭いacutus」，「重いgravis」と言う）。彼のこの考えが，弦長と音高の対応というピュータゴラース派的発想に基づくことに注意しよう。

（3）プラトーンの神話と数学的宇宙観

プラトーンは，中期の代表的対話篇『国家』の最終第10巻で，1つの神話を語っている。彼は論証できないほどに重要な内容を伝えるのに，しばしば神話の形を取る。戦死して12日後に生き返ったとされる兵士エールĒrは，あの世で見たことの1つとして，次の光景を語る。

> （引用3-3）　紡錘はアナンケーの女神の膝のなかで回転している。そのひとつひとつの輪の上にはセイレーンが乗っていて，いっしょにめぐり運ばれながら，一つの声，一つの高さの音を発していた。全部で八つのこれらの声は，互いに協和し合って，単一の音階を構成している。（『国家』第10巻617B4-C5藤沢令夫訳，岩波版プラトン全集第11巻，p. 749）

アナンケーとセイレーンはギリシャ神話中の存在である。プラトーンの語る謎めいた壮大な宇宙の像については，『国家』そのものに当たっていただくこととして（上掲訳書に説明がある），ここでは音楽との関係を見よう。「音階」と訳されているのは，再びharmoniaであり，それは節すなわちメロディでもあり，「調和」でもある。古代ギリシャ人は和音を音楽に用いることをしなかったようだが，この記述からは8つの一定の音が同時に奏でる壮大な和音harmonyが想像される。それがどのような響きであったかについて，プラトーンは語らない。

それに対して，彼は後期の『ティーマイオス』で，宇宙が音階と同じ構造を有するという観念について，ピュータゴラース派顔負けのきわめて思弁的，数学的な仮説を，これまた神話の形で語っている。

（引用3-4）　ところが，このような結合項を入れると，それによって，さきの合間に，3：2，4：3，9：8の合間［両端の比がこれらの比をなす合間］が生じるので，今度は，9：8の合間で，4：3の合間を全部埋めつくして行きました。すると，これらの合間のそれぞれに一つの分数を残すことになりましたが，こうして残された分数の合間は，数の比で言って，両端の比が，256：243になるものでした。（『ティーマイオス』36A6-B5。種山恭子訳，同全集第12巻，p. 43）

　これは宇宙の製作者（デーミウールゴス）たる神が製作の過程を説明するもので，その謎めいた全体像は，古代以来のプラトーン研究者の間で議論の的となった。上の引用は，作品中何度か見られる音楽への論及の1つで，「合間」を意味するdiastēmaという同じ語が，空間的距離と音程の両方を意味することから，宇宙における天体の配置を音階における各音の配置に重ね合わせて説明しようとするくだりである。その中で，4：3は4度，9：8は全音，256：243はレインマ（一種の半音）という音程の弦長比であって，要するに宇宙の全体が音楽的に構成されているというのである。ここでのプラトーンは，宇宙が妙なる音楽を奏でているという表象を，存在論的な次元にまで深化させている。

（4）プトレマイオスの宇宙調和論

　そのような存在論的解釈をギリシャ世界で最も精緻な体系にまとめたのが，天動説の完成者プトレマイオス（後2世紀）である。彼はギリシャ音楽理論の集大成とも言うべき『調和論』の第3巻において，万物を秩序づける根源的な「調和の力」を想定し，その同じ力が音響，人間の霊魂（心），天体の運行を司っていると主張する。（図3-1参照）

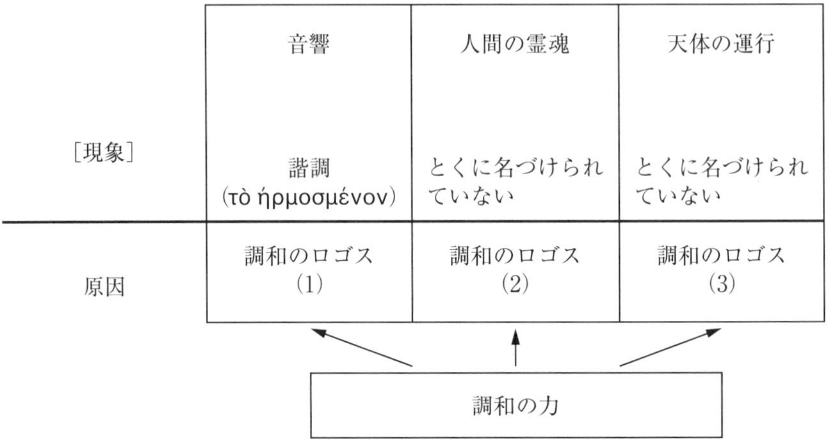

	音響	人間の霊魂	天体の運行
［現象］	諧調 (τὸ ἡρμοσμένον)	とくに名づけられ ていない	とくに名づけられ ていない
原因	調和のロゴス (1)	調和のロゴス (2)	調和のロゴス (3)

調和の力

図3-1 プトレマイオスにおける宇宙調和の存在論的説明（参考文献3，p. 55）

　あとはこの仮説の実証として，各領域に共通の構造を指摘すればよい。例えば第2巻で体系化された旋法変化（今日の音楽では，長調から短調へのような変化）は，状況による人の心情変化（第3巻第7章）と，天体の運行に伴う緯度変化（太陽で言えば，春分と秋分では地球の赤道（＝緯度0度）上にあるのに対して，（北半球の）夏至には北回帰線＝北緯約23.5度上に位置を変えること。第12章）とに対応づけられる（図3-2）。

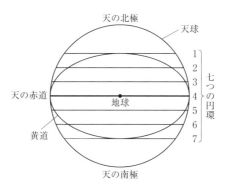

図3-2　プトレマイオスの宇宙調和論における旋法変化と天体の緯度変化
（参考文献3，p.67）

　対応の根拠は，ドーリオス，フリュギオスなど旋法が都合7つあり，
黄道上の12の宮が都合7つの緯度（上図の「七つの円環」）を取ること
に加え，下の引用3-5に言うように，音響，人間霊魂，天体運行のいず
れにおいても，ゲノス（引用3-5の「類」），人柄，天体の対地距離（同
じ引用の「道筋に関する不均等性」）という本質的な点は不変のまま，
旋法，心情，緯度という二次的変化が生じる構造だとされる（この説明
だけではわかりにくいと思われるので，興味のある方は，参考文献3を
ご覧いただきたい）。

　（引用3-5）　天体の運動の第3にして最後の種すなわち幅［緯度］に関す
る差異を，旋法の変化に当てはめなければならない。なぜなら，調和状態
において，旋法に伴って必ずしも類の変化が生じるとは限らず，天体の運
行においても，幅に関する軌道によって道筋に関する不均等性が目に見え
る形で把捉されるわけではないからである（『調和論』第3巻第12章，
Düring 版 p.106, 18-22. 津上訳）

　第3巻最後の数章では，天文学者の面目を躍如とさせて，一層込み入った天文現象と音楽事象の対応を論じる。明らかなように，彼が天文理論を駆使して細部に渡ればわたるほど，対応は牽強付会になり，「実証」からかけ離れる。現代の科学的常識からすれば，そんな対応はもともとないのだから実証のしようもなく，仮説の誤りが判明したに過ぎない，と彼の理論を切り捨てるのはたやすいが，民間表象の説明に当時最先端の理論を以てする野心的な企図を多として，もう少し観察を続けるなら，この理論は，万物の秩序という存在論的説明から始めて，音楽理論と天文理論の細目に極まる体系的整合性を特徴とする。その整合性ゆえにこじつけという粗も見えやすくなる一方，大きな長所もある。それは，宇宙にあるとされる音楽が，なぜ人の耳に聞こえないのかという素朴でまっとうな疑問を回避できることである。なぜなら，彼は宇宙と音楽の構造的類似を指摘するだけで，天体が旋律や音を発しているとは一切言っていないからである。

2. 中世以降の展開

（1）ボエーティウスの「3つの音楽」

　プトレマイオスを含む古代ギリシャの音楽理論を西欧中世に橋渡しした中心人物がボエーティウス（後480頃-524頃）である。彼は『音楽教程』の第1巻第2章で，名高い「3つの音楽」を提示する。それは①「宇宙（世界）の音楽 musica mundana」，②「人間の音楽 musica humana」，そして③「道具の音楽 musica instrumentalis」である。これがプトレマイオスの「調和の力」の思想に立脚しているのは明らかである。ボエーティウスの説明を聞こう。

（引用3-6）　［音楽の類は］3つある。第1は宇宙の［音楽］，第2は人間の［音楽］，第3はキタラーや笛といった，歌に仕えるある種の道具instrumentaに置かれた［音楽］である。第1に，宇宙の音楽は天そのものまたは元素や季節の変化の中に認められる。［中略］誰であれ自分自身の中に沈潜する人は，人間の音楽を理解する。精神のかの非肉体的生気を肉体に混ぜ合わせているのは，或る和合以外に，つまりいわば一つの協和をなす低いまた高い声の調整とも言うべきもの以外に，何があるのか。（『音楽教程』第1巻第2章，Friedlein 版p. 187, 20-26; p. 188, 26-p. 189,1.　津上訳）

　まず注意すべきは，後の2つ（②と③）が声楽と器楽（これは英語ではまさにinstrumental music なのだが）を意味するのではなく，声楽も「道具の音楽」に含まれることだ。するとこの3つのうち，人の耳に聞こえるのは最後の③だけで，他の2つの「音楽」は聞こえない。この発言は中世の音楽理論で広く受け入れられ，現代に至るまで，様々な解釈を誘発してきた。まず，ある解釈によれば，この3つの音楽の間には明確な序列があって，人の営む「道具の音楽」は宇宙と人間の音楽を摸倣するのだという。たしかに，ボエーティウスの世界観において，宇宙と人間は位階上，「道具」より高い。しかし少なくとも彼の文言の中に，「摸倣」のような観念は認められない。次に，それとも関連して，耳に聞こえない音楽こそが本当の音楽なのだという解釈もしばしば聞かれる。しかしそれはテクスト読解として間違っている。なぜなら，ボエーティウス自身，宇宙と人間の音楽が「音楽」であるにもかかわらず耳に聞こえないことをひどく気にしながら，明快な説明ができずにいるからだ。次の引用は典型的な箇所である。

（引用3-7）　天のこれほど速やかな機構が，黙した無音の運行によって動かされるというようなことがいかにして生じ得るだろうか。その音が我々の耳にまで届かないとしても（これは多くの原因からそうならざるを得ないのだが），他方でこれほど大きな物体のかくも並ぶものなく速やかな動きが全く何の音も発しないことはあり得ないであろう。とにかく星々の運行は，これほど和合したもの，これほど緊密に結合されたものは他に何一つ考えられないほどの斉合性を以て結び合わされているのだから。実際，星々の運行には高いものと低いものがありながら，異なる不等性によって運行の秩序が定められ導かれるという具合に，すべての運行が均等な力によって回転している。以上のことから，定まった節付けの秩序が天のこの旋回から身を退くことはあり得ない。（同 p. 187, 26 - p. 188, 7. 津上訳）

　下線を施した部分が，論証できない彼の苦しさを表わしている（これは，ギリシャ人の感じ方を自分の言葉で説明しようとする彼の誠実さの表われでもある）。裏返して言えば，彼にとって「音楽」とは，耳に聞こえるはずのものだということだ（詳しくは，参考文献4を参照されたい）。結局のところ，ボエーティウスは，宇宙と人間について，音楽と呼べるものがあるはずだと主張したに留まっている。

　他方，この曖昧さは，具体性という長所にも繋がっている。我々の営む音楽と種別こそ違え，やはり同じ「音楽」というものについて，彼は語っているからである。こうして，耳に聞こえる音楽は，大宇宙・小宇宙（人間）との対応関係に置かれた。上述の2つの解釈にしても，文献学的には間違っていても，この思想の発展的解釈としては可能である。それも含めて，「3つの音楽」の思想が，中世人の（そしておそらく現代人の）根本的音楽観に厚みを加えているのは確かだ。『音楽教程』は西欧の中世で，第2章で触れた「自由人学芸」における「音楽」の不動の正典として，絶大な権威を誇り，その中で「3つの音楽」の思想も，連綿と受け継がれた。

（2）ケプラーの新解釈

　プトレマイオスの理論は，約1500年を隔てて，地動説の完成者ケプラーJohannes Kepler（1571-1630）の新たな解釈に引き継がれることになる。時代は跳ぶが，古代思想の近代的受容と変容のさまを見届けることにしよう。彼は「ケプラーの第3法則」を内包する『宇宙調和学Harmonice mundi』（1619年）の中で，宇宙の構造は，それが協和音程と関係するという前提に立って，音楽的に表現できると考えた。例えばその第5巻で，彼は惑星の公転角速度を比で表わす。例えば地球は太陽を中心として最も速く公転する時と最も遅く公転するときとで，約16：15（厳密には近日点で1度1分18秒，遠日点で57分3秒。数比にして約1226：1141）の速度比をなす。これは半音の比に等しい。ケプラーはこれを，地球が公転に伴って半音差のミ－ファ－ミの旋律を奏でていると見立てるのである。

　（引用3-8）　地球はMI（ミ）FA（ファ）MI（ミ）と歌うので，その音節からさえもこのわれわれの居住する地では，MIseria（悲惨）とFAmes（飢餓）が勢威を振るうことが推測される。（『宇宙の調和』第5巻第6章，Caspar版全集第6巻p. 322欄外注，岸本良彦訳，工作舎，2009年，p. 452）

58

　時あたかも，三十年戦争勃発の翌年であった。彼は太陽系の6惑星に
月を加えて，同様の操作から，それぞれの「歌」を示している（図
3-3）。

図3-3　ケプラーの宇宙調和論における各惑星の「歌」（上掲訳書 p. 451）

　太陽系の諸天体はこのような永遠のポリフォニーを奏でている。これ
をある仕組みで実際の音に実現したのが，*The Harmony of the World:
A Realization for the Ear of Johannes Kepler's Astronomical Data
from Harmonices Mundi 1619*, Realized by Willie Ruff and John
Rodgersである。何とも奇怪な響きだが，天文学者ケプラーも，これが
音の長さ（公転周期）においても高さ（角速度の比）においても，協和
しないことを知っていた。

　（引用3-9）　諸天体の動きは，あたかも或る掛留ないし終止法（人びとは
　これを用いてこの自然の諸不協和音程を模倣する）のような不協和な緊張
　を通じて行なわれる，或る絶えざる（理性的であって声に出すのではない）
　歌い合わせに他ならず，この歌い合わせは，6つの項（いわば声）の各々
　について予め定められた或る終止に向かい，それらの音で時の広大無辺を

印づけ区切る。すると，自らの創り主の猿まね師である人間によって，歌い合わせによって歌うという，古人には知られていなかった理法がついに発見されたことは，もはや驚くには当たらない。その結果宇宙の時全体の永遠性を，時間の短い一部分の中で，複数の声の人工的な響き合いによって演じ，神なる工人の自らの作品における楽しみを，神の模倣者であるこの音楽から知覚される快の最も甘美な感覚によって，ある程度まで味わうことができるのである。（同書第5巻第7章 p. 328. この部分の訳は津上による）

「掛留 syncopatio」とは，ある和音から次の和音に進行する際，前の和音の一つの音をそのまま残し，次の和音における解決を少し遅らせることで解決を強調する，対位法および和声の手法のことである。「終止法 cadentia」とは，曲のまとまりを締めくくる和音連結の定型であり，「終止 clausura」はその最後の解決部分に当たる。ケプラーはここで，太陽系6惑星の奏でるポリフォニー（「歌い合わせ」）を1つの曲になぞらえ，その進行を，終末に向かう世界の歴史に重ねている。それは終末に至る時の中ではずっと不協和なままだが，ついに世の終末において協和音へと解決する。この譬えの中では，我々が現に行なうポリフォニー音楽が，終末に向かう世の進行の摸倣ととらえ返され，我々がその音楽を楽しむことは，神が自ら創造した世界を楽しむことの摸倣とされるのである。

　お気づきのように，ケプラーの発想は，キリスト教的終末観を除いて，宇宙と音楽の構造を重ねる点で，プトレマイオスに近い。それもそのはずで，彼はプトレマイオスの『調和論』第3巻のギリシャ語原典とラテン語訳を出版し，自分の考えと比較しようと考えていた。この目論見は三十年戦争によって実現されずじまいに終わったものの，「附録 Appendix」にその要約が記されている。

（引用3-10）　単純で正しい惑星運動を把握した，修正された天文学では，［プトレマイオスの］視覚の錯覚からくる見せかけの運動を排除して，むなしい象徴的解釈によらず，量として表示できる測定可能な真実で正しい比率に基づいて，天にはあらゆる調和比と調和の類［長・短調の別］，音組織ないし音階，そのたいていのキイ，多様な調，比喩的音楽の諸声部と張り合う諸惑星，そして最後に，類と調によって変化する主要な6惑星の普遍的対位法がそなわっていることを，私は示した。（同書附録p. 372. 訳書 pp. 528-529. ただし部分的に若干改変した）

　ケプラーは，プトレマイオスが誤った天文学的基礎に立って「象徴的」に呈示した宇宙の調和構造が，「測定」された「量」に基づき，実在することを示したというのである。我々の視点から見て興味深いのは，第1に，民間の俗信のようなものとして始まったと思われる古代の観念を，ケプラーが近代科学的に，宇宙の中に実在する（したがって観測できる）ものと見なして実証しようとしたことである。第2に，プトレマイオスの切り捨てた宇宙の歌という素朴な古代的表象を，ケプラーが復活させたことである。この古代の表象は，初期近代人ケプラーにおいて，最も完成した姿を得たと言える。

（3）宇宙の音楽と近代音楽作品

　宇宙の音楽という観念は，その後もヨーゼフ・シュトラウス Josef Strauss（1827-1870）のワルツ《天体の響き Sphärenklänge》作品235（1868年），ヒンデミット Paul Hindemith（1895-1963）のオペラ《世界の調和 Die Harmonie der Welt》（1957年）のような作品の着想源となった。現代人はその実在を信じはしないものの，人の感覚を絶した妙なる宇宙の音楽に到達したいという願望は，我々にも理解可能なのではないだろうか。それは現実の音楽を聴いて我々が稀に覚える，何かとてつもなく大きなものに触れたという感覚，あるいは触れ合いたいという願望とも，通じるところがあるのではないだろうか。

（4）日本版宇宙の音楽？

　宇宙の音楽は，これまで見てきたように西洋の音楽観と音楽において重要な役割を果たした。では日本の我々は，この観念と無縁なのだろうか。そうではないと思う。第1章で見た『源氏物語』の一節（引用1-2）を思い出していただきたい。そこでは，楽器の音を自然音と合わせるという志向と楽器の音がその場所の特性（「所柄」）を際立たせるという観察とが示されていた。これは宇宙の中に音楽がある，あるいは宇宙が音楽的な構造を有しているという西洋的な考えと，説明方式こそ違うものの，音楽を宇宙との関係においてとらえようとする基本姿勢において，通底するものがある。現代の我々としても，『源氏物語』の描写に共感できるものがあるとすれば，それはそのまま，宇宙の音楽の観念への共感に通じるのかもしれない。

参考文献

1.　アリストクセノス・プトレマイオス『古代音楽論集』，山本建郎訳，京都大学学術出版会，2008年
2.　ヨハネス・ケプラー『宇宙の調和』，岸本良彦訳，工作舎，2009年
3.　津上英輔「諸天体の構造的協和：プトレマイオスの宇宙調和論」今道友信編『精神と音楽の交響—西洋音楽美学の流れ』，音楽之友社，1997年，pp. 47-76
4.　津上英輔，「ボエーティウス『音楽教程』におけるmusicaの概念」成城大学文学研究科『美学美術史論集』第12号，1999年，pp. 145-162
5.　Bower, C.M. trans., *Boethius Fundamentals of Music*, New Haven and London: Yale University Press, 1989.
6.　Stephenson,B., *The Music of the Heavens: Kepler's Harmonic Astronomy*, Princeton University Press, 1994.

学習課題

1. 古代人はなぜ天に妙なる音楽があると考えたのか。満天の星空を眺める場面を想像しながら考えなさい。
2. 耳に聞こえる音楽を「聞こえない音楽」との関係においてとらえることで，音楽の理解がどのように変わるかについて考えなさい。
3. 参考文献1と3を参考に，プトレマイオスの宇宙調和論を学びなさい。

4 | 中世における多声音楽の芽生えと展開

赤塚健太郎

《目標＆ポイント》 グレゴリオ聖歌や教会旋法の概要を把握する。さらに，聖歌に基づく形で多声音楽が発生する過程や，多声音楽とともに記譜法が発展していく様子を理解する。また，中世音楽における世俗音楽の実態についても理解する。

《キーワード》 中世音楽，グレゴリオ聖歌，ネウマ譜，多声音楽

1. 中世音楽とグレゴリオ聖歌

（1）西洋音楽史における中世

　一般に西洋史における中世は，ローマ帝国が東西に分裂し（395年），さらにその片割れである西ローマ帝国が滅亡した頃（476年）に始まるとされる。西洋音楽史においてもこの区分は踏襲されるが，しかし多くの音楽史書は，7世紀までの音楽についてあまり多くの紙面を割かない。

　その大きな理由として，7世紀までの中世音楽については具体的な姿が把握しづらいという事実を挙げることができるだろう。第2章2で触れたように，ボエーティウスが古代の音楽理論を中世以降へとつなぐ重要な役割を果たしたことが知られるが，しかしこの時期に実際に奏でられていた音楽の具体像を伝える資料は乏しく，語りたくても語りようがないのである。それに対し，本節で詳述するように8世紀にグレゴリオ聖歌が広まり，やがてネウマと呼ばれる記号を用いた記譜法によってそ

の音楽的な実態が書き留められるようになると，途端に音楽史書は饒舌になる。

　ここに西洋音楽の特徴と，その歴史を学ぶことの困難が明確に表れているといえるだろう。録音技術が広まる以前の音楽について詳細かつ具体的に知ろうとするならば，何らかの記譜法に従った楽譜に依存するしかない。そうした記譜法を精緻化し，それによって紙の上に音符を並べて作曲するという習慣を確立し，さらにそうして作られた楽曲を作品として受容する態度を一般化していった点に西洋音楽の独自性がある。同時に，楽譜に残されなかった音楽や，楽譜に詳しくは書き留められなかった演奏上の習慣については考察が困難であったり，軽視しがちであるという危険も見過ごしにはできない。

　本章では，グレゴリオ聖歌や初期の多声音楽（その多くは教会音楽）を概観することで，音楽が記譜され，紙面上で多声音楽として組み立てられるようになったことの持つ意義を確認する。同時に，そのような作業によって記録されることが少なかった世俗の音楽についても，限られた情報からその豊かさを推測し，聖と俗，書かれたものと書かれなかったものの両面に及ぶ中世音楽の多様性を確認しよう。

（2）グレゴリオ聖歌の成立

　グレゴリオ聖歌とは，カトリック教会で歌われる原則として無伴奏のラテン語単旋律聖歌である。教会では，決まった時刻に行う日々の礼拝（聖務日課）やミサなどの典礼において，単に朗読を行うだけでなく式文が歌い唱えられた。その際に用いられたのがグレゴリオ聖歌である。

　この呼称は，教皇グレゴリウス1世（540頃-604）が一連の聖歌を編纂したと伝えられることに由来する。しかしこの伝承は歴史的には正確ではなく，実際にグレゴリオ聖歌が整備され定着したのはより遅い時

期，具体的には8世紀頃とされている。その背後ではフランク王国の宗教政策が大きく影響していた。

　ゲルマン民族の一部族であるフランク族によって建てられたフランク王国は，8世紀になるとピピン3世（小ピピン，714-768）やカール大帝（742-814）の下で版図を広げた。彼らは，後の西ヨーロッパの基礎となる広大な領域を強固に支配するため，ローマ教皇との結びつきを強めていったが，その過程でキリスト教の典礼を統一することで精神的な面からも統治を確実にすることを目論んだ。その際，典礼において重要な役割を果たす聖歌の統一も必要となり，ローマで歌われていた聖歌が，いくらかの変容を遂げながら，フランク王国全体へと拡散されたのだ。こうしてグレゴリオ聖歌が西ヨーロッパに広く定着することとなった。

（3）聖歌の記譜

　録音や放送の技術がない中世において，フランク王国全体で聖歌を統一するには，それを習得した聖職者が歌い広めていく以外に方法はない。しかし，様々な典礼に対応するだけの聖歌を完全に記憶し，伝えることは困難である。ここに，備忘録として聖歌を紙に書き留める必要が生じた。

　こうしてグレゴリオ聖歌を書き記す記譜法が9世紀頃から用いられるようになった。聖歌を書き留める記号をネウマと呼ぶが，初期のネウマは，歌詞の抑揚などを大まかに記すものであった。例えば，音高が上がるか下がるか，あるいはそのまま維持されるかといった情報が記号化されたが，この際，実際にどの程度の音程で上下するかは記譜されなかった。そのような曖昧な記号を用いたネウマ譜（ネウマを用いて聖歌を書き留めた楽譜）では聖歌を伝えられないようにも思われるが，実際には

聖歌を歌い慣れた人物がメモとして用いたのであって，所期の目的は達成されたようである。このことから明らかなように，ネウマ譜は実際の歌唱に先立つものではなく，楽譜という紙の上で楽曲を組み立てるという近代的な意味での作曲が行われるようになったわけでもない。

　こうした初期のネウマ記譜法はその後も用いられたが，やがて音の高低を読み取れるように記号の高低を意識して配置する記譜法も出現し，さらに11世紀になると，高低の配置を明確にするために紙面上に譜線と呼ばれる水平線を引くことも行われるようになった。これを譜線ネウマと呼ぶが，この段階に至ってネウマ譜は音高を明確に示すことができるようになった。譜線を5本用いる習慣が定着するのはまだ先のことであるが，ここに今日一般的な五線譜の祖型を見ることができる。

（4）唱法と教会旋法

　一方，譜線ネウマの段階に至っても，音価に関しては明示されていない。グレゴリオ聖歌を歌う際，本来は歌詞に従って音の長短がつけられていたが，それを明確に読み取ることはできないのだ。現代において広く行われているグレゴリオ聖歌の歌い方はソレーム唱法と呼ばれるが，この唱法は原則としてどの音も同じ音価で歌う。それによってグレゴリオ聖歌独特のたゆたうような調子が生まれ，1つの魅力ともなっているが，こうした歌い方は歴史的には不正確である。一方で，本来の音の長短を復元する方法については，研究者間で意見の一致をみていない。

　グレゴリオ聖歌の独特の響きをもたらすもう1つの要因として，教会旋法と呼ばれる音の組織に従っている点が挙げられる。中世においては8種類の教会旋法が用いられ，聖歌はいずれかの旋法に従っていた。第2章で触れたように旋法理論などに古代の音楽理論の影響が見られるが，実際の音組織としてはギリシャの旋法と教会旋法は異なるもので

ある。

　教会旋法のそれぞれでは，原則として1オクターヴに及ぶ音域，旋律
が最終的に行き着く終止音，旋律の動きの中で軸となり多用される支配
音が定められている（譜例4-1）。さらに旋法ごとに全音と半音が出現
する位置が異なっている。以上の諸点から各旋法は明確な特徴を得てい
るのである。

譜例4-1　教会旋法（弧線は全音を，折れ線は半音を示す）

　これは，後世の音楽で主流となる長短調の音階に基づく音組織と大きく異なっている。例えば，ハ長調とト長調の音階は全音と半音が出現する位置が全く同一であり，全体的な音高が異なっているに過ぎない（譜例4-2）。あらゆる長調の音階は，全音と半音の出現位置という観点からは同一の施法に従っているとみなされる。短調についても同様である。また長短音階の両端の音（第1音と第8音）は主音と呼ばれ，後世の調に従う音楽では，そこで旋律が終止することで安定が得られる。その際，音階の第7音が主音に対し半音下に位置することで主音への進行を導く重要な役割を果たす（短調においては第7音への臨時記号が必要となる）。この第7音を導音と呼ぶが，教会旋法では終止音の半音下に導音が存在するとは限らない。以上のような理由から，教会旋法に従う音楽は，長短調の音楽とは異なった印象を与える。

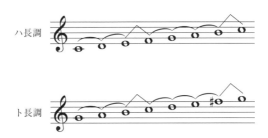

譜例4-2　ハ長調とト長調の音階（弧線は全音を，折れ線は半音を示す）

2．初期の多声音楽

（1）多声音楽の芽生え

　記譜法の助けも得て西ヨーロッパに統一的に広まったグレゴリオ聖歌だが，10世紀になるとトロープスやセクエンツィアが出現することで手が加えられた。トロープスとは，聖歌に対する歌詞や旋律の付加である。歌詞の1つの音節を伸ばしながら複数の音符を歌うことをメリスマと呼ぶが，聖歌のメリスマをより華やかにするために音符を書き足したり，逆にメリスマを潰すかのように歌詞を書き加えることで聖歌の内容を分かりやすくする習慣が広まったのである。

　一方のセクエンツィアはミサで用いられる聖歌の一種である。出現経緯について諸説あるが，セクエンツィアの歌詞は聖書に由来しない自由に作詞されたもので，旋律も後に付曲された。トロープスやセクエンツィアは，聖歌を人為的にゆがめるものとして後に批判を集めるが（第5章3），こうした何らかの創作的な行為が聖歌に対して行われたことは注目に値する。

　さらに，単旋律であるはずのグレゴリオ聖歌に対して，第2の声部を加えて多声化することもかなり早い段階から行われていたようである。そうした実践の様子は，9世紀頃の『音楽提要Musica Enchiriadis』（著者不詳）などの理論書に記されている。第2声部の付加は，当初は，本来のグレゴリオ聖歌に対して完全4度か完全5度下の旋律を加えるようなやり方で行われた。このように複数声部で聖歌を歌うことをオルガヌム，付加された声部をオルガヌム声部と呼ぶ。当初のオルガヌムは，聖歌旋律に対し主として平行を保って進む旋律を加えるだけであり，一般に楽譜を用いず即興的に行われた。なお，間に3度音を挟まない完全5度が連続する響きは後世の音楽ではあまり用いられないため，平行によ

るオルガヌムは現代人には異質に，あるいは新鮮に響くだろう。

　しかしオルガヌム声部は，11世紀に入るとより自由に振る舞うように
なる。聖歌の1音符に対して複数の音符が対応するようになり，そし
て聖歌との上下関係が逆転して聖歌より高い音域で歌われるようになっ
たのだ。このように複雑で自由なオルガヌム声部は，もはや聖歌とは異
なる独立した声部とみなすべきであり，この段階で本格的な多声音楽が
出現したと考えられる。こうして独立性を増したオルガヌム声部は，も
はや全面的に即興されるわけにはいかず，多声音楽では楽譜の重要性が
高まった。そのため，この時代からオルガヌムを記した楽譜の数が急増
する。

　なお多声音楽という語は，単に複数の声部（パート）から構成されて
いるというだけでなく，各声部が独自性を保っていることを含意して用
いられることが多い。こうした声部の独立性が高い音楽をポリフォニー
と呼ぶ。一方，主旋律を他の声部が全体として和音伴奏するような音楽
はホモフォニーと呼ばれる（第10章1）。

（2）多声音楽の展開

　12世紀になると，下声部で聖歌の各音符を長く伸ばしつつ，上声部
では華麗なメリスマを歌うようなオルガヌムが出現した。そうしたオル
ガヌムを伝える資料は，巡礼地として有名なスペインのサンティアゴ・
デ・コンポステラや，そこに至る巡礼経路であったフランス南西部のア
キテーヌ地方に残されており，巡礼路に沿った人の流れが音楽文化を発
展させていったことを物語っている。

　この時代のオルガヌムでは，聖歌の各音符があまりに長く延ばされる
ため，聴いただけでは聖歌の旋律的な形態を捉えることは困難である。
この際，人の耳では捉えられずとも聖歌を鳴り響かせたという宗教的な

意義には変わりなく，祈りは成り立っていると考えることができるだろう。一方で当時の人々は，そうした大義名分のもと，創作の土台として聖歌を利用しながら華麗なメリスマを楽しんだのかもしれない。

　12世紀半ばから13世紀半ばには，パリのノートル・ダム大聖堂で聖職者達が高度なオルガヌムを実践した。彼らをノートル・ダム楽派と呼ぶが，中でもレオニヌスLeoninus（1150年代 – 1201頃）とペロティヌスPerotinus（1200年頃活躍）が優れたオルガヌムを残した人物として名高い。

　ノートル・ダム楽派のオルガヌムでは，モード・リズムが導入された。モード・リズムとは，音符に長短の区別を与えた上で，6種類の長短の組み合わせ（リズム・モード）のいずれかを反復しながら楽曲を形成していくものである。どのようなリズム・モードを用いるかは楽譜上に明記された。いよいよこの時代から，音価の記譜が始まったのだ。しかし後の時代と異なり，ある音符の長さをその音符自体の形が示すやり方は取られず，複数の音符を連ねた連結音符（リガトゥーラ）の出現パターンによってリズム・モードが示された（図4-1）。

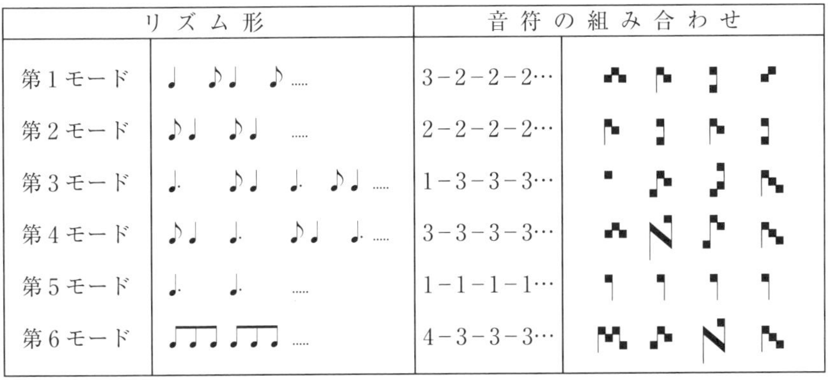

図4-1　ノートルダム楽派のリズム表記法　リズムが第1モードであることを表す時には，最初の三音符を一まとめにし，以下二音符ずつまとめていき，第2モードであることを指定する場合には，最初から二音符ずつまとめる，……という方法で，どのリズム形を用いるかを示す。（笠原潔『西洋音楽の歴史』放送大学教材，2001年，p. 107より転載）

　この頃になると，下声部で歌われる聖歌の各音符を長く延ばすようなオルガヌムだけでなく，聖歌の各音符をきびきびと歌い進めるオルガヌムも好まれた。前者をオルガヌム様式，後者をディスカントゥス様式のオルガヌムと呼び，両様式は同じ曲の中で対比的に用いられた。しかし時代が経つにつれてオルガヌム様式のオルガヌムは人気を失い，やがてディスカントゥス様式の部分が独立して次節で述べるモテット（モテトゥス）が派生していく。

3. 中世音楽の多面性

（1） 中世の世俗音楽

　典礼統一の必要性もあって書き留められたグレゴリオ聖歌や，複雑な声部の絡み合いを規定するために楽譜を必要とするようになったオルガヌムとは異なり，世俗音楽は中世を通じて楽譜を用いずに実践されることが多かった。そのため実態は把握しづらいが，当時の世俗音楽を担った存在としてジョングルールが挙げられる。彼らは歌舞や軽業・奇術に長けた一種の遍歴芸人で，宗教的な差別の対象となることが多かった。

　しかし，やがて社会的に高い地位の人々も世俗的な音楽の担い手として活躍するようになる。その典型例が12世紀以降にフランス南部で活躍したトルバドゥールや，同国北部で活躍したトルヴェールと呼ばれる人々である。彼らは詩作し歌う宮廷人で，王侯貴族自身がこのような詩人として活躍した例も多数確認されている（イングランド王リチャード獅子心王（1157-1199）など）。

　中世は騎士道華やかなりし時代であり，ジョングルールやトルバドゥール・トルヴェール達は，騎士達の武勲を歌ったり，彼らの理想とする宮廷的な愛を歌ったりした。宮廷的な愛とは，肉欲を実現させるような快楽的なものではなく，むしろ気高い貴婦人への想いを精神的な愛

へと昇華させたような理念的な愛である。彼らの歌は，歌曲であると同時に詩としても重要な存在であり，韻律などの点で詩としての形式を様々に発展させた。

　12世紀頃から世俗音楽を担った存在として，ゴリアードも見逃せない。彼らは下位の聖職者や学生達で，知的階級だけあってラテン語による詩を歌ったが，しかしその内容はしばしば社会風刺的なものであったり，あるいは酒などの快楽を歌うものだったりした。こうした階級の人々が，自身の知識や文才を用いつつ，猥雑な歌を歌っていたという事実は，中世においても人々の自由な精神が音楽として溢れ出ていたことを告げているようで興味深い。彼らの歌った詩はドイツのバイエルン地方にあるボイレン修道院に伝わっているが（《ボイレン歌集Carmina Burana》），その中にはネウマ譜によって旋律が付されているものもある。

　こうした世俗音楽は，しばしば各種の楽器によって伴奏された。歌の伴奏だけでなく，舞踏伴奏などの目的で楽器が使われることも頻繁にあったに相違ない。しかし器楽のための独自の楽曲がレパートリーとして確立されることはまだなく，あくまで声楽のための声部を重複したり，あるいは即興的な伴奏を行うに留まった。

（2）モテットにおける聖俗の混交
　以上のような中世の世俗音楽は，基本的には単旋律の音楽であった。しかし本来は宗教的な内容を持つ多声音楽であったモテットが世俗化し，多声の世俗音楽として楽しまれることもあった。
　そもそもモテットとは，オルガヌムの中のディスカントゥス様式の部分を抜き出し，そのオルガヌム声部（上声部）の歌詞を書き改めたもので，13世紀から盛んに歌われた。上声部に与えられる歌詞は，当初は

宗教的なものであったが，やがて世俗的な歌詞もあてはめられるように
なる。この際，下声部では依然としてグレゴリオ聖歌に由来する旋律と
歌詞が歌われていながら，上声部では世俗的な歌詞が歌われることにな
る。こうした聖俗の混交がとがめられることがなかったのかと心配にも
なるが，残された資料から判断するに，モテットの実践は盛んにおこな
われていたようである。しかも，こうした多声音楽を歌うことができた
のは，ゴリアードなど，知的な訓練を受けた聖職者達であったと考えら
れる。

　モテットでは，異なった歌詞を持つ複数の声部が絡み合うこともあ
り，従来よりも精緻なリズムの記譜が必要となった。こうして，音符の
形がその音符自体の長さを規定するような記譜法が用いられるように
なった。こうした記譜法を，定量記譜法と呼ぶ。いまだに表記上の特徴
などで差は大きいものの，譜線に対する音符の位置で音高を，音符の形
状で音価を示すという後世の五線譜に至る発想を持つ記譜法が確立した
のである。

（3）マショーの音楽

　14世紀になると，モテットでアイソリズムと呼ばれる技法が用いら
れるようになった。アイソリズムとは特定の音価パターンと，特定の音
高パターンを反復することによって声部を形成する技法である。こうし
た技法を用いて優れたモテットを残した人物として，マショー
Guillaume de Machaut（1300頃–1377）の名が挙げられる。マショー
は聖俗のモテットを多数残したが，その中でアイソリズムの技法を巧み
に用いた。この技法で用いられる音価パターンや音高パターンの反復
は，聴覚的に捉えられるものではないが，楽譜を眺めるとその数学的と
言いたくなるような整然とした秩序が明らかになる。

　マショーは，史上初の通作ミサ曲である《ノートル・ダム・ミサ曲》の作曲者としても知られる。通作ミサ曲とは，ミサで用いられる式文の内，音楽的に重要なキリエ，グロリア，クレド，サンクトゥス，アニュス・デイにセットで曲をつけたミサ曲である。こうした宗教音楽面での活躍を見せる一方，各種の詩形に基づく世俗歌曲も多数残しており，聖俗の両面において目覚ましい事績を残した。

　中世という時代はしばしば教会の権威と支配が強かった時代として語られる。確かに当時の音楽を眺めてみると，聖歌やそれに基づく多声音楽が音楽史の流れを主導したことが明らかになるが，他方で世俗的な音楽も無視できない重要性を持ち，時に聖と俗が入り混じる事態も起きていたことに気づく。こうした聖俗の混交は，ルネサンス時代においてさらに進展することとなる。

参考文献

1. 金澤正剛『中世音楽の精神史』河出文庫，2015 年
2. 皆川達夫『西洋音楽史　中世・ルネサンス』音楽之友社，1986 年
3. 皆川達夫『楽譜の歴史』音楽之友社，1985 年

学習課題

1. 譜例4-1の各旋法を実際に歌うなり楽器で鳴らすなりして，それぞれの特徴を確認しなさい。
2. 同様に，譜例4-2の長音階を実際に鳴らすことで，教会旋法との違いや，導音と主音の関係を確認しなさい。
3. 任意の旋律に対して完全5度の平行旋律を付け加えることで，どのような響きが生まれるか体験しなさい。

5 | ルネサンス音楽の聖と俗

赤塚健太郎

《目標＆ポイント》　ルネサンス音楽の特徴を把握する。特に当時の音楽における多声技法の進展や，宗教音楽における聖と俗の混交の様子，宗教改革と音楽の関係，そしてシャンソンや器楽の隆盛など音楽における世俗的要素の深まりについて理解する。
《キーワード》　ルネサンス音楽，定旋律，模倣，コラール

1. イギリス音楽と初期のルネサンス音楽

（1）音楽史におけるルネサンス時代

　文化・芸術の諸領域において「ルネサンス時代」という時代様式区分が用いられる。音楽史では，研究者によって様々な見解があるものの，概ね15世紀前半から16世紀末頃までをルネサンス時代と呼ぶことが多い。しかし，音楽史におけるルネサンス時代は，他の諸芸術における場合とは様相が異なっている。

　そもそもルネサンスrenaissanceとはフランス語で再生を意味する語であり，ルネサンスと呼ばれる時期には，様々な分野において古典古代の文芸の復興が進められた。ここでいう古典古代の文芸とは，具体的には古代ギリシャ・ローマの文化・芸術を指す。しかし音楽史において古代ギリシャ・ローマの音楽が具体的に復興されるということはなかった。これは，楽譜を通じて残された古代の音楽が非常に少なく，そもそも記譜法自体がネウマ譜に由来する後世のものとは別種であったためで

ある（第2章2参照）。理論面における古代への参照は行われたし，古代の詩の韻律を模倣して歌曲を作る試みなどが行われることもあったが，音楽史におけるルネサンス時代を古典古代の音楽の大規模な復興期と位置付けることは困難である。

　教会の権威が絶対的であった中世に対し，ルネサンス時代は人間を中心に置く思想が広まった時代であると説明されることも多い。確かに本章で論じるように，ルネサンス時代には宗教音楽において世俗的要素が強まり，また世俗歌曲や器楽が発展するなど，音楽における世俗的・日常的な要素がますます重要になったとはいえる。しかし前章で確認した通り，既に中世音楽においても聖と俗の交わりは様々な形で見られた。

　このように音楽史におけるルネサンス時代の定義は困難に思われる。しかし中世音楽とルネサンス音楽の間には，音楽史を学んだことのない人々にも聴覚的に把握されるような大きな相違が存在する。その相違は，長短の3度音程の使用頻度が著しく向上することに由来する。そして3度音程，あるいはそれを積み重ねた形を成す3和音が，現代のポップスに至る後世の音楽の基本的な要素となっていったために，ルネサンス時代の音楽は，中世音楽とは異なった親しみやすさを現代人にも与えるのである。

（2）イギリス音楽における3度の響き

　中世における多声音楽は，オルガヌムの成立について説明する際に触れたように，完全5度（およびその転回である完全4度）音程を基本とした。今日では協和音程と認められる長短の3度（およびその転回である長短6度）は，当時まだ協和音程とは認められていなかった。中世の末に向けて使用頻度こそ増していったものの，音楽における3度・6度の重要性は後世におけるほど高くはなかった。

　このように中世音楽においてあまり重視されなかった３度・６度の響きを，最初に多用し始めたのはイギリス音楽である。イギリスでは，３度・６度の平行旋律によって即興的にグレゴリオ聖歌を多声化する手法などが広まり，14世紀から15世紀にかけては優れた音楽家が多数現れて３度の響きを多用する高度な音楽を残した。

　中でもダンスタブル John Dunstable（1390頃 - 1453）は，大陸側の音楽にも影響を与えた人物として名高い。彼は，ヨーロッパ大陸にも長期間滞在し，結果としてイギリス音楽で多用された３度の響きが大陸側の多声音楽にもたらされることとなった。

（3）ブルゴーニュ楽派

　こうして中世から続く大陸側の音楽にイギリス由来の３度・６度の響きが組み込まれて，ルネサンス音楽が成立した。その初期の展開を牽引したのは15世紀にブルゴーニュ公国を中心として活躍した音楽家達であり，一般に彼らをブルゴーニュ楽派と呼ぶ。ブルゴーニュ公国は，現代におけるフランスの中東部から北部，さらにベルギーやオランダなどに及ぶ領土を持つ強国であり，音楽をはじめとする諸芸術への支援も盛んに行っていた。

　ブルゴーニュ楽派の中でも最も高名な音楽家の１人がデュファイ Guillaume Dufay（1397 - 1474）である。彼は長らくイタリアで活躍するなど，必ずしもブルゴーニュ宮廷と強い結びつきを持っていた音楽家ではないが，優れたミサ曲やモテット，シャンソン（世俗歌曲）によって同楽派の代表者としての評価を得ている。

　当時のミサ曲ではしばしば見られる手法だが，デュファイのミサ曲では，通作ミサ曲の各章に共通性を持たせることで統一感を確保する手法が用いられている。例えば，彼の代表的な通作ミサ曲である４声のミサ

曲《もし私の顔が蒼かったら Se la face ay pale》では，各章の冒頭部分が極めて類似していることが一聴して明らかである（譜例5-1）。

譜例5-1　デュファイ作曲　ミサ曲《もし私の顔が蒼かったら》　各章冒頭
（参考文献2，p. 240）

　さらに各章のテノール声部（低い方から２番目の声部）では，共通の旋律が素材として使われている。譜例5-1では，キリエの冒頭からテノール声部でこの旋律が歌われており，譜例には現れていないものの他章でも曲が進むにつれて同じ旋律がテノール声部に出現する。この共通旋律は，実はデュファイ自身が作曲したシャンソン《もし私の顔が蒼かったら》から転用されている。この旋律のように，多声楽曲の基礎となる既存の旋律のことを定旋律と呼ぶ。また，共通の定旋律を用いることで統一性を確保しているミサ曲を定旋律ミサ曲と呼ぶ。

　定旋律はグレゴリオ聖歌や各種の宗教声楽曲から得られることもあるが，しばしば世俗歌曲からも取られた。デュファイのシャンソン《もし私の顔が蒼かったら》も恋について歌った世俗歌曲であり，この恋歌の旋律を各章で用いることで，ミサ曲全体の統一感が確保されているのである。ここに聖と俗の著しい混交を見て取ることができるだろう。

2. ルネサンス音楽の諸傾向

（1）フランドル楽派

　ブルゴーニュ楽派を受け継ぐ形で，15世紀中ごろから16世紀にかけてのルネサンス音楽を主導したのがフランドル楽派である。彼らは，フランスの北部からベルギーやオランダの一部にまたがるフランドル地方出身の音楽家だが，当時は同地方出身の音楽家達がヨーロッパ中で高く評価されたため，実際にはイタリアなど他の地域でも広く活躍した。中でも高く評価されているのがジョスカン・デ・プレ Josquin des Prez（1450から55頃 -1521）である。

　ジョスカンは，高度な模倣の技法を用いたことで名高い。模倣とは，ある声部が提示した旋律を他の声部が真似て歌っていくことである。ジョスカンのミサ曲では，歌詞のある１節を歌う際に，すべての声部が

特定の旋律を模倣しあいながら楽曲を構成していくような技法が用いられた。これを通模倣と呼ぶ。

　モテットにおいてもジョスカンは模倣を巧みに用いた。なおルネサンス時代になると，モテットというジャンル名はラテン語の歌詞を持つ宗教的なポリフォニー楽曲全般に対して用いられるようになっていた。一例としてジョスカンのモテット《深い淵から私はあなたに呼びかけましたDe profundis clamavi ad te》を見てみると，冒頭の歌詞が歌われる旋律は，各声部によって巧みに模倣されていく（譜例5-2）。

深い淵から私はあなたに呼びかけました、主よ。

譜例5-2　ジョスカン・デ・プレ作曲　モテット《深い淵から私はあなたに呼びかけました》冒頭
（グラウト・パリスカ『新西洋音楽史』上巻，戸口幸策他訳，音楽之友社，1998年，p. 228より転載）

　このモテットでは，さらに歌詞内容の音楽的な表現という点でも注目すべき手法が見られる。「深い淵から」の箇所で旋律は急激に下行し，「（私は）呼びかけました」の箇所では上行跳躍する。それによって歌詞の意味内容が明瞭に印象付けられるのであって，こうした音楽は時にムジカ・レゼルヴァータと呼ばれることがあった。ここに見られる言葉の意味や聴く者への効果を重んじる態度に，当時の音楽が人間中心主義的な傾向を示すようになっていたことがうかがえよう。

（2）イタリアにおけるフランドル楽派

　イタリアで活躍したフランドル楽派の音楽家としては，ウィラールト Adrian Willaert（1490頃 – 1562）が重要である。現在のベルギー出身のウィラールトは，イタリアに渡ってフェラーラやミラノで活躍し，1527年からはヴェネツィアの聖マルコ聖堂の楽長となった。この地でウィラールトは，複合唱の技法を開拓した。複合唱の技法とは，合唱団や合奏団を複数に分割して離れた場所に置き，音響的・空間的に対比させながら用いる技法である。後続するバロック時代の特徴としてしばしば指摘される対比・対照の重視が，すでにルネサンス音楽においても重要な役割を果たしていたことがここから明らかとなる。

　この技法はさらに同聖堂でオルガン奏者を務めたジョヴァンニ・ガブリエーリ Giovanni Gabrieli（1554から57頃 – 1612）らによって受け継がれ，発展していった。ガブリエーリが作曲した〈ピアノとフォルテのソナタ〉（1597年出版）は，器楽曲に複合唱の技法を適用した楽曲で，2群の合奏団が交互に，時には一斉に演奏することで音響的な対比が形成される。この曲は，楽譜上にてピアノとフォルテを指定した最初期の楽曲と考えられている。

　ウィラールトらのフランドル楽派が活躍することによって，高度なポ

リフォニーの技法がイタリアにも定着した。その結果，イタリア語の世俗歌曲であるマドリガーレの作曲が盛んになる。マドリガーレは，しばしば文学的に優れた詩を歌詞として採用し，そこに模倣などの多声技法を凝らした音楽が付けられた。そうした楽曲は，当初フランドル地方出身の音楽家によって書かれたが，やがてイタリア出身の音楽家達もこうした多声的な世俗歌曲を盛んに残すようになった。

　マドリガーレにおいては，歌詞内容をありありと音楽的に表出するような楽曲も見られる。特にマレンツィオ Luca Marenzio（1553または54-1599）は，表出的な内容を持つマドリガーレを多数残して後世に多大な影響を残した。

　複合唱の技法に見られる対比の重視や，声楽曲における歌詞の意味の音楽的強調は，次の時代であるバロック音楽の重要な特徴としてしばしば指摘される。しかしそうした手法の先駆けは，すでにルネサンス音楽に確認されるのであり，ここに2つの時代の連続性を見て取ることができるだろう。

（3）ルネサンス時代の器楽

　ルネサンス音楽においては，器楽の占める重要性も高まった。前章でも述べたように，中世においても器楽は盛んに行われていたものと推測される。しかしその大半は，楽譜を用いない即興的なものか，あるいは声楽曲の特定の声部を楽器で演奏したものであり，器楽独自のレパートリーが開拓され，残されることは少なかった。

　ルネサンス時代になっても同様の傾向は見られるが，しかし器楽独自の楽曲が楽譜に残される頻度は確実に上昇した。また，声楽曲を楽器によって演奏する際に，器楽独自の編曲を加え，しかもその内容が楽譜として残されることも増えた。例えばフランス出身でイタリアでも活躍し

たサンドラン Pierre Sandrin（1490頃–1560以降）の歌曲《甘き思い出 Doulce Memoire》は，当時のシャンソンの中でも特に人気のあった曲だが，この歌曲は様々な楽器によって演奏されたと思われる。その好例がオルティス Diego Ortiz（1510頃–1570頃）によるヴィオラ・ダ・ガンバのための器楽編曲で，彼の『装飾変奏論 Trattado de glosas』（1553年出版）に収められている。

　ヴィオラ・ダ・ガンバはルネサンス時代からバロック時代にかけて用いられた弓奏弦楽器で，高音域を担当する小型のものから，低音域を担当する大型のものまで，様々なサイズの楽器が存在した（図5-1）。こうしたサイズ違いの同属楽器によって各音域をまかなうという発想は当時の楽器に広く見られる。例えばフルートは，後のオーケストラでは一般に高音域の楽器のみが実用されるが，当時は様々なサイズの楽器が用いられていた。

図5-1　様々なサイズのヴィオラ・ダ・ガンバ
（プレトリウス『シンタグマ・ムジクム』第2巻（1619年）から）

　当時の器楽曲では，演奏楽器が厳密に指定されていない例が多い。よって，演奏者は自分の手元にある楽器，演奏できる楽器を自由に組み合わせて演奏した。時には同属楽器のみで均質な響きを楽しむこともあっただろうし，様々な種類の楽器を混ぜることで多彩な響きを楽しむこともあったのだろう。

　楽器の選択だけでなく，演奏に際して即興的に装飾や変奏を加えることも頻繁に行われていた。オルティスが出版した『装飾変奏論』も，そうした変奏技法について解説した理論書であり，同時に変奏例を楽譜として示した曲集という性格を兼ね備えている。当時の器楽においては，楽器の選択や演奏時の即興など，演奏者の自由や任意性が大きかった点が重要である。

　当時の器楽曲では，舞曲の重要性も見逃せない。ルネサンス時代には様々な舞踏が人気を得て広まっていた。アルボーThoinot Arbeau（1520-1595）の『オルケゾグラフィ』（1589年出版）のように，そうした舞踏の実態を伴奏曲例付きで具体的に伝えてくれる理論書も出版されており，こうした資料を手掛かりに当時の舞踏を復元して踊ることも近年では盛んに行われている。

　この時代には，様々な種類の舞踏を続けて踊ったり，異なった種類の舞曲を連ねて演奏することが頻繁に行われた。その際，拍子や性格が対照的な舞踏・舞曲が任意に組み合わされることで単調さを回避することが多かった。ここに，バロック時代に栄える組曲の萌芽を見て取ることができる。しかしどの曲を連ねるかという点については楽譜上では規定されていないことが多く，その時々に興のおもむくままに演奏曲が選択されていた。

3. 宗教改革と音楽

（1）教会音楽への批判

　ルネサンス時代に起きた世界史的な重大事というと，宗教改革が挙げられる。先駆けとなる活動はそれ以前から展開されていたものの，1517年にドイツの神学者ルターMartin Luther（1483-1546）が「95ヵ条の提題」によって贖宥状批判を提起すると宗教改革の運動は本格化し，やがてキリスト教社会は，カトリックとプロテスタントに分裂していく。この変革には音楽，特に教会音楽も巻き込まれた。教会や聖職者の堕落を糾弾する運動の矛先が，教会音楽にも向けられたのだ。

　教会音楽に対する批判として，特に重要な点は2つある。第1点は，教会音楽に世俗的な要素が侵入していたことに対する批判である。本章で述べたように，例えば定旋律ミサ曲において各章で恋歌などの世俗的な歌曲から旋律素材を借用することが盛んに行われていた。こうした教会音楽における聖と俗の混交が問題視されたのだ。

　第2点は，高度なポリフォニー技法に対する批判である。ポリフォニーでは，複数声部が互いに独立・対等な立場で歌う。そのため，歌詞が混沌として聴き取りづらくなり，教会音楽が祈りのためではなく聴覚の楽しみのためのものになってしまっていると糾弾されたのである。また，ルネサンス音楽において多用される3度の甘美な響きも，祈りへの集中を妨げるものとされた。

　こうした批判を受け，カトリック教会側の自己変革運動である対抗宗教改革の中で，教会音楽の見直しが図られた。例えば，トレント公会議（1545-63年）において，シャンソンなどに由来する世俗的要素を教会音楽から排除することや，歌詞が明確に聴きとれなくてはならないことなどが決議された。またグレゴリオ聖歌を歪めるものとしてトロープス

やセクエンツィア（第4章2）も，原則としては禁止された。

　この時期のカトリック教会側の音楽家としては，ローマで活躍したパレストリーナGiovanni Pierluigi da Palestrina（1525/26-1594）が重要である。歌詞が明瞭に聴きとれる優れたミサ曲をパレストリーナが作曲したことによって，トレント公会議においてポリフォニーが全面的に禁止されることが阻まれたとする言い伝えが存在する。この言い伝え自体は虚構だとしても，例えば彼の《教皇マルチェッルスのミサ曲》の一部（譜例5-3）を聴いてみると，確かに順次進行（ある音から，音階上の隣接音に進む進行）を中心としたなだらかな旋律線や，不協和音の使用の抑制によって均整美を保っている。また拍において三和音の響きを形成することで全体の統一性を維持しつつ，各声部における歌詞の入りをずらすことによって声部の独立性をも確保する手法により，言葉が明瞭に響く。こうした手法によりパレストリーナの音楽は，後世において教会音楽の，あるいはポリフォニーの理想とされることとなった。

88

神の子羊である方よ。

**譜例5-3　パレストリーナ作曲　《教皇マルチェッルスのミサ曲》第1アニュ
ス・デイ冒頭**

（グラウト・パリスカ『新西洋音楽史』上巻，戸口幸策他訳，音楽之友社，1998年，
p. 316より転載）

（2）プロテスタントの教会音楽

　プロテスタントの側でも教会音楽をめぐって様々な立場が見られた。例えばカルヴァン Jean Calvin（1509-1564）が単旋律による簡素な音楽を重視したため，カルヴァン派においては多声的で技巧的な教会音楽が発展することはあまりなかった。一方，ルターは多声音楽を評価しており，また自ら教会音楽の創作を手掛けるなど，高度な教会音楽の発展を後押しした。結果としてルター派教会では独自の音楽が栄えた。

　ルター派の教会音楽で重要なのはコラールである。これは，教会に集った信徒たちが自ら歌う教会歌である。コラールの旋律はしばしば民謡や世俗歌曲から採られ，そこにドイツ語による宗教的な歌詞が一種の替え歌として当てはめられた。歌詞がドイツ語であることと，旋律が馴染み深いものであることにより，信徒が容易に歌唱できるように配慮されたのである。

　こうして普及したコラールの旋律は，それ自体として単旋律で歌われただけでなく，和声を付けて歌われることも多かった。さらにコラールを元としてより複雑で大規模な声楽曲が展開し，さらにオルガン音楽など器楽曲の素材としても重要な役割を果たした。

4. 音楽史におけるルネサンス

　以上のように，音楽史におけるルネサンス時代は，作曲技法的には3度音程の大々的な導入と模倣の技法によって特徴づけられる。また宗教音楽における世俗的定旋律の利用や器楽の隆盛など，世俗的要素が強まったことも見逃せない。その一方で，宗教改革期における音楽をめぐる議論を踏まえると，人間中心主義の高まりが宗教の否定に向かったのではなく，むしろ人が祈るということや，その際に音楽が果たすべき役割について真摯に向き合う結果に至ったことも明らかだろう。こうした聖と俗の緊張関係もルネサンス音楽の見逃せない動向である。

　ルネサンス時代は，技術の諸領域でも著しい進展が見られた時代であった。特に，俗にルネサンスの3大発明と呼ばれる技術の1つである活版印刷術は，音楽史に大きな影響を与えた。15世紀末から16世紀になると，ヴェネツィアのペトルッチOttaviano Petrucci（1466-1539）やパリのアテニャンPierre Attaingnant（1494頃-1551/52）など，印刷楽譜の出版業者が盛んな活動を開始したのだ。依然として楽曲の複写や頒布は手書きの楽譜によって行われることが中心ではあったが，これ以降の時代においては楽譜出版も無視できない重要性を持つようになる。

　古典古代への参照という点では，16世紀になるとイタリアで注目すべき動きが出現する。それは，ギリシャ悲劇への関心の高まりである。古代のギリシャにおいては，演劇は興味のある人々が単なる趣味の1つとして鑑賞するものではなく，都市国家を挙げて上演に取り組む一大イベントであった。そして，この古代への興味というまさにルネサンス的な関心が，結果としてオペラの誕生という音楽史上の一大事件を引き起こし，皮肉にもルネサンス音楽を終焉へと導いていく。その様子については次章で詳しく論じられるだろう。

参考文献

1．金澤正剛『中世音楽の精神史』河出文庫，2015 年
2．皆川達夫『西洋音楽史　中世・ルネサンス』音楽之友社，1986 年
3．ベルンハルト・モールバッハ『ルネサンスの音楽世界』井本晌二訳，法政大学
　　出版局，2016 年
4．トワノ・アルボー『オルケゾグラフィ全訳と理解のための手引き』今谷和徳，
　　中村好男，服部雅好編，古典舞踏研究会原書講読会訳，道和書院，2020 年

学習課題

1. 任意のルネサンス時代の楽曲について，長短の 3 度・6 度が頻繁に
使用されていることを楽譜で追いながら実際に聴いてみなさい。
2. 世俗的な定旋律を用いたミサ曲を探し，各章で確かに定旋律が使わ
れていることを楽譜で確認し，原曲と聴き比べてみなさい。
3. 楽器事典などでルネサンス期に使われた楽器を調べ，同属楽器の中
で様々なサイズや音域の楽器が使われていたことを確認しなさい。

6 | ルネサンスからバロックへ： オペラの誕生

津上英輔

《**目標＆ポイント**》 ルネサンスからバロックへの過渡期である16世紀後期のイタリアで，オペラという形式がいかに誕生したかを理解する。このできごととは，西洋音楽に1つの新たなジャンルを加えただけでなく，音楽の構造と精神的意味を大きく転換させるきっかけともなった。

《**キーワード**》 オペラ，《エウリディーチェ》，アリストテレース，『詩学』，ジローラモ・メーイ

1. オペラの誕生

（1） オペラとは何か

オペラとは，すべての台詞を歌う全面音楽劇である。こう言えば，当たり前のように聞こえるかもしれないが，考えてみると不自然この上ない形式である。なぜなら，劇の台詞とは，歌でなく，語りで発せられるのが普通だからである。同じ音楽劇でも，ミュージカルのように，語りの合間合間に歌を挟んで人の感情を表現するのは，まあ自然と言えるが，劇の進行にかかわる状況の説明までもすべて歌ってしまうというのは，奇想天外と言うほかない企てだ。

実はその突飛さゆえに，上の定義は実作品で必ずしも厳密に守られるわけではない。まず，それが完璧に当てはまる典型的なオペラすなわち全面音楽劇を1つ挙げるなら，モーツァルトの《ドン・ジョヴァンニ》は文句なしだ。この作品では，主としてレチタティーヴォすなわち薄い

楽器伴奏に伴われた独唱歌で，劇が展開する。それに対して，同じモーツァルトでも，《魔笛》は台詞の語りを含むゆえ，厳密な意味のオペラではない（ジングシュピールと呼ばれる）。また，ヴァーグナーの《トリスタンとイゾルデ》（1865 年初演）は，アリアとレチタティーヴォの明確な区別を欠くゆえに，やはり狭義のオペラから除外される。

（２）現存最古のオペラ《エウリディーチェ》

　1600 年のフィレンツェで，リヌッチーニ Ottavio Rinuccini（1562-1621）の詞とペーリ Jacopo Peri（1561-1633）の音楽による，現存最古のオペラ《エウリディーチェ L'Euridice》が上演された（それに先駆けるものとして《ダフネ Dafne》があるが，音楽の大部分が失われている）。ギリシャ神話の英雄オルフェウス（オルフェーオ）が，毒蛇に咬まれて他界した新婦エウリュディケー（エウリディーチェ）を連れ戻しに冥府に下り，音楽の力で見事新婦生還を成し遂げるという話である（もとの神話では失敗する）。ペーリは出版楽譜への序文において，新しい歌唱法を編み出した経緯を述べている。彼は古代の悲劇を範として，音楽劇の新形式を創出しようと試みながら，次のように考えたのだと言う。なお，本章の引用はすべて津上の日本語訳による。したがって，下に参考文献として挙げる著作や訳書における日本語訳と一致しない場合がある。

　（引用6-1）　そこから，それが劇詩であり，したがって話す人を歌で摸倣しなければならない（そして，疑いなく，歌いながら話した人は 1 人もいない）ことがわかったので，古代のギリシャ人とローマ人が（多くの人々の意見では，彼らは悲劇全体を舞台上で歌っていた），通常の話し il parlare の節 armonia を上回りながら，歌い il cantare の旋律をかなり下回る結果，中間物の形をとるような 1 つの節を用いたのだと私は判断した。（ペーリ『エウリディーチェの音楽』序文）

　「彼ら［古代のギリシャ人とローマ人］は悲劇全体を舞台上で歌っていた」という一節が全面音楽劇を意味するのは明らかであるが，この引用全体の理解には，古代の悲劇について，多少の補足説明が必要だろう。悲劇では，数人の俳優が舞台上で登場人物に成り代わり，人物の発話として台詞を発する。そこにはト書きもナレーションもなく，劇展開のすべてが台詞による。それが，引用6-1でペーリが「劇詩」と呼ぶものである。それが「詩」と言われるのは，台本が散文でなくすべて韻文によっていたからである。ただし「韻文」と言っても，近代詩におけるような脚韻や頭韻の仕組みは古代の詩にはなく，短長，長短短のような音節の長さの組み合わせの規則に従っていることを指す（第2章1（2）参照）。

　ペーリが悲劇「全体」と言うのは（これがこの章の眼目なのだが），「一部ではなく」という暗黙の否定を含んでいる。その「一部」とは，コロスの部分である。コロス χορός choros とは，俳優と共に悲劇を構成する一団で，劇世界中の大衆や第三者として働くが，彼らは台詞を歌い，かつ踊った。ペーリは，その部分の台詞は当然として，それ以外の部分すなわち俳優の台詞も含めた「全体」が，歌として発せられたと主張するのである。これは当時と現代の通説の否定に当たる。

　もう一つ，ペーリが自明の前提としているのが，語り（上で「話し」と訳した）と歌は別物で，ことがらの伝達は語りによるという観念である。これは今日の我々にもわかりやすい。「お腹が痛い」と訴えるときに節を付けたら，「ふざけんなよ」と言われるのが落ちだろう（それがまさに，オペラという形式の奇想天外さだ）。その上でなお，ペーリは俳優の台詞を歌で発するような劇形態を模索したと唱えるのである。

（3）歌と語りの中間物

　このような状況でペーリの思いついたのが，歌と語りの「中間物」である。彼はその内容を次のように具体化している。

　（引用6-2）　私は，我々が悲しみや喜びなどの状態にある時の話しぶりや調子を尊重して，低音を語調に一致させ，情感に合わせて速めにまたは遅めに動かした。また私は，協和音をなそうが不協和音をなそうが，それにかまわず低音を固定しておいた。そして様々な音を通過した話し手の声が或る音節に到達し，それが普通の話し言葉で調子が合ってまた新たな調和への道を開くまで，低音を動かさなかった。（同上）

　その例として，ニンフのダフネがエウリディーチェの急死をオルフェーオに報告する箇所を挙げる。（参考文献3，p. 128より転載）

96

[詞1行目（楽譜1段目から2段目第1拍まで）］しかし美しいエウリディーチェは，踊りながら緑の草むらに脚を進めていました。［2行目（楽譜2段目第2拍から3段目第2拍まで）］そのとき，ああ邪悪な運命の苛酷さよ，無情で冷酷な蛇が［3行目（楽譜3段目第3拍から最後まで）］花と草の間に潜んでいて，彼女の足を咬んだのです。

譜例6-1　ペーリ作曲《エウリディーチェ》p.15

　20世紀アメリカの音楽学者パリスカ Claude V. Palisca の分析を踏まえて詳しく見ると，詞の1行目は穏やかな情景描写で，音楽は伴奏低音（通奏低音。三段譜表の一番下，ヘ音記号のパート。通奏低音については，第8章1（2）参照）が1小節に1つの全音符と，緩やかな動きを見せるのに対して，詞の2行目は後半で蛇が現われて事態が切迫するに及び，音楽も第5小節の低音が2つの二分音符に分割される。蛇について説明する3行目最初の第6小節も同様であるが，切迫感の高まる第7小節後半に至っては，二分音符がさらに四分音符2つに分割される。最後の第8小節は話の区切りとして，少し落ち着いた二分音符に戻る。これが「低音を語調に一致させ，情感に合わせて速めにまたは遅めに動かした」とするペーリの考えの実現形である。

　次に三段譜表の最上段である歌パートと下2段の伴奏パートを貫く縦長の囲みが第1〜7小節の冒頭にあるが，これが「普通の話し言葉で調子が合」うとペーリの言う部分で，多くは重要語の強勢音節に当たり，音楽的には長めの協和音が与えられる。その伴奏低音は，同様の音節（縦長の囲み）が再び現われるまで引き延ばされることが多い。それに対して，歌パートの横長の囲みは通常の語りを模した素早い動きを示し，※の音は伴奏低音と不協和音をなす。「協和音をなそうが不協和音をなそうが」と彼が言うのはこのことである。こうしてペーリは，要所要所で音楽性を確保しながら，その他の部分では語りに近づけ，効率的な状況描写を成し遂げている。

　また，リズムの観点から，横長の囲みを第1小節と第5小節後半から第8小節前半とで比較すると，「しかし美しいエウリディーチェは Mala bella Euridice」と穏やかに歌う前者が四分音符を含むゆったりした動きであるのに対し，蛇が彼女を咬むまでを興奮して述べる後者では16分音符が頻出する。和声的には，第5小節の突然の転調，また第4−

8小節で多用される不協和音が耳を驚かす。ここでは不協和音が，従来のように協和を強調するためでなく，不安や苦悩を音楽的に表現する積極的な手立てとして用いられている。

　引用6-1にあった「中間物」という言葉は，劇と音楽という背反する二律の双方について，半分を活かし半分を捨てる中途半端な処理を思わせるが，ペーリの実際の音楽はむしろ，この二律背反を弁証法的に止揚する優れた解決であると私は思う。作曲者はこうして，リズム，和声の両面において詞の情感を劇的に表現することに成功している。このような歌の形式は，後年モノディmonodyと呼ばれ，やがてそれはレチタティーヴォの形式として確立されることになる（第7章1（4）参照）。

2．オペラを導いた理論

（1）古典学者ジローラモ・メーイ

　ペーリは引用1の中で，古代悲劇が全面音楽劇であったとする見解を「多くの人々」に帰している。パリスカは，それがジローラモ・メーイGirolamo Mei（1519-1594）に影響された人たちであることを明らかにした。メーイはフィレンツェ生まれの古典学者で，古代の音楽に興味をもち，『古代旋法論De modis』（1567-1573年．ラテン語，全4巻）を著わした。今日メーイは，オペラの誕生に間接的に寄与した人物として西洋音楽史上に名を留める。ではメーイの「寄与」とはどのようなものだったのだろうか。

（2）アリストテレース『詩学』

　『詩学』はアリストテレース（前384-322）の全著作中，小品にもかかわらず，後世への影響の点では最大級の作品と言ってよい。本章が明らかにするとおり，実はオペラの誕生もその影響の1つである。

　『詩学』は諸々の詩ジャンルのうち，悲劇を中心的に扱う。その論の力点はいかに筋を構成するかに置かれるが，悲劇の上演についても手がかりを与えてくれる。古代悲劇の上演形態については，現在でも不明の点が多いが，メーイの生きた16世紀から現代に至るまで，『詩学』の断片的言及が最大の情報源であることに変わりはない。

　さて，本章1（2）で触れたように，現代の通説では，ギリシャ悲劇において俳優の台詞は基本的に語られ，コロスの台詞は歌われた。ところがメーイは俳優も台詞をすべて歌ったと主張する。従来の音楽史研究は，この点をメーイの「誤解」と決めつけ，それに基づいて誕生したオペラを「創造的誤解」の産物としてきた。しかしこの説の誤りは，最近の私の研究で明らかになった。すなわち『古代旋法論』におけるメーイは，アリストテレース『詩学』を1つのしかたで正しく解釈した結果，古代悲劇は俳優の台詞も含めて全篇歌われていたという結論に到達したのである。

（3）『詩学』と『古代旋法論』

　その論証は『詩学』と『古代旋法論』のギリシャ語，ラテン語原文解釈の微細な点に立ち入り，規模も到底ここに収まるものではないので，全体を示すことはできない。興味がおありの読者は，参考文献5を参照していただくとして，ここではその肝と言うべき部分をかいつまんで紹介しよう。音楽の歴史が直接古典研究に左右された希有の例である半面，西洋音楽が音楽の外側から影響を蒙りながら展開したことの好例でもあるからだ。

　まず『詩学』の議論でこれにかかわる部分を見よう。それは第1章で，詩が何を手段ないし媒体とするかに従って詩のジャンルを分類する議論に現われる。次の引用における(3)のような番号は，後で『古代旋法

論』との対応を見やすくするため，重要語に便宜上付したものであり，
下線はその番号にかかる語句を示す。番号はギリシャ語原文における出
現順による。

（引用6-3）　次に，上述のもの，つまりリズム(2)と歌(3)と詩律(4)のような
もののことを言っているのだが，そのすべてを(1)用いるわざがある。ちょ
うどディーテュランボス(5)の制作とノモイ(6)の制作と悲劇(7)と喜劇(8)であ
る。しかしそれらのわざは，或るものがすべてを同時に(10)，別のものが部
分的に(11)〔用いる〕点で，異なっている(9)。（『詩学』1447b24-28）

「わざ」とはこの場合，詩のジャンルのことである。その1つである
悲劇は，詩作の三手段であるリズム，歌，（韻文としての）言葉のすべ
てを用いるが，作品全篇を通してそうするのではなく，一部においての
みだと言うのである。ここでは「リズム」は韻文の構成原理である長短
音節の規則的配置を意味し，「詩律」は「言葉」と同義と理解してお
こう。
　次に第6章では，悲劇の定義に次の補足説明が加えられる。

（引用6-4）　旨味づけられた言葉と私が言うのは，リズム (2)と節(12)と歌(3)
をも持つ言葉のことであり，諸種で別々に(11)と言うのは，或る部分(14)が単
に(15)詩律を通じて(13)遂行されるのに対して他の部分(16)は歌を通じて(17)〔遂
行される〕ことである。（『詩学』1449b30-31）

「節」とはメロディのことなので，「節と歌」は別々の2つではなく
「節すなわち歌」の意味である。したがってこの文が言うのは，悲劇は
言葉にリズムと歌を加えたものを用いるが，全篇でそうするのではな
く，「或る部分」は歌を用いず詩律すなわち言葉とリズムだけによると
いうことである。引用6-3と6-4から，古代悲劇は全篇韻文によるが，

一部だけそれに歌が加わるという前述の通説が成り立つ。

　それに対して，メーイは『古代旋法論』第４巻で，さりげなくこれら２箇所の解釈を示している。ここには『詩学』やアリストテレースの名は現われないが，この著作の読者は直ちにピンときたと考えられる。(3)などの番号は上の引用6-3と6-4における番号づけと対応している。

　　(引用6-5)　この人たち［悲劇家，ディーテュランボス家など］の作品はこれら［言葉，律動，節］すべて(1)を摸倣において結合するものであったが，それは主として次の差によって区別されていた(9)。すなわちディーテュランボス(5)家は常に，歌人(6)はコロスを立ててすべての（いわゆる）項で完成された歌をこしらえたとき，詩律(4)，律動(2)，ハルモニア(3)を絶えず(10)使っていた。しかし悲劇(7)家と古喜劇(8)家（新喜劇家のしかたは同じでなかった）とサテュロスたちは，作品中，大衆そのものを代表するコロスに割り当てられた(13...)部分(11,14)でだけ(15)，しかもコロスそのものが立ち留まっていなかったとき(...13)［詩律，律動，ハルモニアを使っていて］，他の部分(16)では，エレゲイアを笛に合わせて歌っていた(12)人々においても生じていたのではないかと思うことができるのと同様に，まさに詩律とハルモニア(17)を［使っていた］。エレゲイア家たちがコロスを持っていなかったからである。(『古代旋法論』113,5-12)

　細部について言うべきことは多いが，ここでは最重要語の概略的説明に止めるとすれば，「詩律」は韻文，「律動」はリズム，節とハルモニアは，ともにメロディを表わす。

　すると，まず引用6-3と6-4における(1)から(17)までの『詩学』の重要語句がすべて，引用6-5に盛り込まれていることが確かめられる。メーイはここで，『詩学』の言うなれば解説的翻訳を試みているのである。次に，「コロスに割り当てられた部分でだけ...［詩律，律動，ハルモニアを使ってい］」たと言うのは，悲劇のコロスの台詞が，歌われる（「詩

律」すなわち韻文＋「ハルモニア」すなわちメロディ）のに加えて「律
動」すなわちリズムを加えて発せられたということである。その「他の
部分」では，「詩律とハルモニア」すなわち韻文とメロディが用いられ
た，すなわち歌われたというのである。これは，悲劇全篇が歌われ，コ
ロスの部分ではさらにリズムが加わったと言っていることになる。実は
彼がここでリズムとして考えているのは，すぐ下で見るように，踊りの
ことである。結局，メーイの解釈では，古代の悲劇は俳優の台詞を含め
て最初から最後まで歌われ，コロスの部分ではそれに踊りが加わった，
アリストテレースはそう主張していたことになる。これが，始めに引い
たペーリの「多くの人々の意見では，彼らは悲劇全体を舞台上で歌って
いた」という観念の起こりであり，『古代旋法論』のこの記述こそが，
現代まで延々400年以上続く全面音楽劇としてのオペラの思想的原点で
ある。

　ではメーイのこの解釈は，これまで研究者たちが考えてきたように
「誤解」なのだろうか。そうではない，というのが私の見解である。そ
れは一方で①「リズム」概念の理解に関わり，他方で②上で⑮と番号付
けした「単に」（引用6-4＝アリストテレース）と「だけ」（引用6-5＝
メーイ）に関わる。①「リズム」については，現代の標準的解釈が，引
用6-3の箇所における「リズム」⑵を詩律の意味で理解し，それに伴っ
て直後の「詩律」⑷を詩律そのものでなく「言葉」の意味に解するとい
う難点を抱える。メーイはそれを意識して，ここでの「リズム」⑵を
「歌」⑶でも「詩律」⑷でもない「踊り」と理解するのである。これは
これで，『詩学』内外の他の箇所と離齬を来たし，完全正解とまでは言
えないものの，難点を抱えるという点では現代標準解釈もメーイの解釈
も同等であり，後者だけを「誤解」とするのは公平を欠いている。

　②引用6-4，6-5の「単に」⑮「だけ」⑮と訳したギリシャ語「モノ

ン μóνον monon」は英語のonlyに当たる語で，現代標準解釈では「詩律を通じて」に掛けるのに対して，メーイはこれを「コロスに割り当てられた部分」に掛け，その部分だけは踊られたという解釈を導き出している。これは文法的にはどちらも同等に可能な解釈なので，ここでもメーイは「誤解」していない。メーイはこのように，アリストテレースに忠実でありつつ，しかも古代悲劇は全篇歌われたという新たな解釈を呈示することに成功しているのである。

　このようにメーイの『詩学』解釈が単なる誤解ではなく，１つの正当解釈と言えるとすると，アリストテレースが『詩学』で伝えた古代悲劇の上演形態は，少なくとも１つの正当な可能性として，全面音楽劇を指し示している。ここからさらに，オペラは誤解の産物でなく，ある意味で正解の産物であり，古代悲劇の１つの正統後継者である，という結論が導かれる。

　この過程は，我々が常識的に音楽様式の展開として考えるものと，大きく隔たっているのではないだろうか。たしかに我々は，ある程度音楽を聞き慣れると，初めて聴いた曲でも，これは18世紀前半のフランスの曲だろうとか，モーツァルトよりはハイドンだろうとかの判断が付くようになる。それは，それぞれの時代や作曲家の様式が，音楽語法すなわち音の組み立て方の連続性において把握されているからである。しかし《エウリディーチェ》が示しているのは，様式変化が音楽語法の連続的改良からではなく，古代悲劇の上演形態という全くの外部から引き起こされたという事態である。ここに，西洋音楽史における理論と実践，背景的思想と作品創作の緊密な関係を顕著に示す例を認めることができる。

3. オペラ誕生の音楽史的意味

（1）劇とモノディ

　さて，オペラの誕生は西洋音楽史上，どのような意味を持っているのだろうか。中世からルネサンス期まで，中心的様式であった多声音楽（ポリフォニー）では，定義上，独立した複数の旋律が同時進行する（第4章2（1）参照）。つまり複数の音楽的できごとが並行して展開する。ここで私が「音楽的できごと」と言うのは，旋律の上行と下行，跳躍と順次進行，音符の長短のような広い意味のことである。これは，仮に全声部が同時進行するような（並行オルガヌムのような）書法を考えても，高い声部の動きと低いそれとでは，異なる音域内のできごとであるだけ，別の意味をもつことになるだろう。したがって，多声音楽では音楽的できごとが決して1つに収束しない。

　ところで，劇進行は基本的に言語に担われる。そして言語におけるできごとは（音声によるにせよ文字によるにせよ）常に各瞬間1つずつであり，必ず1方向の線をたどる（漢文のように，文字を読み飛ばしたり戻ったりする場合でも，一本の線につながっているし，理念のようなルビも，線が2本に分かれるというより，一度戻ってもう一度辿り直すという方が当たっているだろう）。その証拠に，2人（以上）の人に同時に話しかけられると，一方に耳を塞ぎ他方の話だけを聞くほかない。さもなければ，両方の話が互いを打ち消しあって，どちらの話もわからなくなるだろう。とりわけ悲劇では，『詩学』におけるアリストテレースが強調するように，前のできごとと後のできごとが因果関係で結ばれていなければならないのだから，この1本の線は重要である。

　したがって，多声音楽は劇と折り合いが悪い。こうして，作曲家ペーリが古代悲劇を理想として発明したのが，本章1（3）で見た，単一の

メロディを薄い楽器伴奏（通奏低音）が助ける形式である。後年モノ
ディと呼ばれるようになったこの形式は，語源的に「単一の歌」を意味
し，１つの旋律声部を他の和音声部が伴奏するホモフォニーのさきがけ
である（第10章１（２）参照）。再びペーリの説明（引用6-1）に戻れ
ば，彼がそこで「１つの節^ふしを用いた」と言うとき，その「１つ」は「あ
る種の」であるとともに，「単一の」をも意味することに注意しなければ
ならない。

（２）精神生活の表現としての音楽

　モノディは，このように劇言語の単線性に即する音楽書法であった。
しかしそれは，単にオペラという形式の誕生に止まらず，人間にとって
の音楽の根本的意味に関わる。20世紀デンマークの音楽学者イェバサ
ン Knud Jeppesen（イェッペセンと表記されることもある）は次のよ
うな優れた洞察を残している。

　（引用6-6）　オペラにおいて，新しい音楽のほとんどすべてがそこから流
　れ出すことになる中心的な形式［モノディ］が生み出されることになる。
　しかし真に決定的なことが起きるのは1594年とか1600年［最古のオペラ
　《ダフネ》と《エウリディーチェ》初演年］ではなくて，音楽は人間の精
　神生活を単に飾る要素なのではなくて，それを描写するものであるとする
　認識が，ついに人びとのあいだに浸透するにいたった瞬間のことである。
　かつての音楽と新しい音楽を明確に区切るのは，まさにこの新しい考え方
　である。(Knud Jeppesen, *Kontrapunkt. Lehrbuch der Klassischen Vokal-
　polyphonie*. Leipzig: Breitkopf & Härtel. 1935. p. 13. 参考文献２，p. 40に当たる)

　彼が「新しい音楽」と呼ぶ17世紀の音楽は，それ以前の音楽と比べ
て，人間にとっての意味が根本的に異なるというのである。古い音楽が

「人間の精神生活を単に飾る」とイェバサンが言うのは，音楽が宮廷で君主の威厳を高めたり，あるいは教会で人々の信仰心を強めたりしたことだろう。それを「単に」と評するのは，そのような場での音楽の働きが，雰囲気や気分を増強するだけだからである。そもそも飾りとは，当の人やものがもともと持っている性質を，引き立て際立たせるものであって，性質そのものを作り出すことはできない。

　それに対して，新しい音楽は精神生活を「描写する」。つまり，人が何を感じ，考えるかを，音楽が一から表現するというのである。もちろん，たいていの場合言葉との協働が必要になる。しかし第1節（3）で《エウリディーチェ》について見たように，新しい音楽においては，音楽そのものが感情の劇的表出を担っているのである。音楽がこのような力を手に入れた以上，行く行くは言葉を裏切って，詞とは逆の感情を表現することだってできるようになるだろう。ただしここで言う「感情」とは，ロマン派的な個人の感情ではなく，多かれ少なかれ類型化された情念であることも忘れてはならない（第8章3（1）参照）。

　音楽は人の感情を表現する，これを今日の我々は，世界のあらゆる音楽の主要な働きと思い込みがちだ。しかしこの章で見たように，それは西洋においてさえ，特定の時代と状況で，しかもきわめて特殊な脈絡で生じた，特殊な事態である（ここに，他の様々な力が働いていたのは言うまでもないが）。このように見るとき，オペラの誕生は西洋音楽の性質をよく表わし，また西洋音楽のその後の方向を決した，音楽史上の大事件である。そして語法としても，この後の音楽は単旋律に和音を付けるホモフォニーの方向に大きく舵を切る。それについては次章以降で扱う。

参考文献

1. 戸口幸策『オペラの誕生』平凡社ライブラリー，2006年
2. クヌズ・イェバサン（東川清一訳）「対位法理論史概要」，東川清一編『対位法の変動・新音楽の胎動』春秋社，2008年，pp. 5-90
3. クロード・V・パリスカ（佐竹淳訳）「ペーリとレチタティーヴォ理論」（同書p. 115-138に収録）
4. Claude V. Palisca, *Girolamo Mei (1519-1594) Letters on Ancient and Modern Music to Vincenzo Galilei and Giovanni Bardi*, American Institute of Musicology, 1960, ²1977.
5. 津上英輔『メーイのアリストテレース『詩学』解釈とオペラの誕生』勁草書房，2015年

学習課題

1. 最初のオペラ《エウリディーチェ》において，音楽がどのように情動の表出を助けているかを，音楽を聴きながら説明しなさい。
2. オペラの誕生によって西洋音楽がどう変わったかについて，音楽と言葉の関係を中心に説明しなさい。
3. 西洋音楽の歴史的展開において，オペラの誕生とバロック音楽の始まりはいかなる点で特異であるかを，18世紀以降の場合と比較して述べなさい。

7 | 17〜18世紀におけるオペラの変容

赤塚健太郎

《目標＆ポイント》　古代悲劇の復興としてイタリアにおいて出現したオペラ
が，17世紀から18世紀にかけて大きく変質しつつ広まっていった過程と，例
外的にイタリア・オペラを拒んだ国であるフランスにおいて，独自のオペラ
様式が確立した過程を理解する。さらに，こうして確立したイタリア様式，
フランス様式のオペラが18世紀半ばにかけて大きく揺らいでいった経緯につ
いても学習する。
《キーワード》　レチタティーヴォ，アリア，オペラ・ブッファ，オペラ・セ
リア，オペラ改革

1. イタリアにおけるオペラの変容

（1）オペラの出現とバロック音楽の始まり

　前章で論じたように，古代の悲劇を復興しようとするルネサンス的な
試みは，結果としてオペラという新たな音楽劇と，そこで用いられた通
奏低音に伴奏されるモノディという新たな歌唱形式を生み出した。その
音楽的な衝撃の強さは，皮肉にも音楽史上におけるルネサンス時代の幕
を閉じ，結果としてバロック時代が幕を開けることになる。よって
1600年前後に起きた音楽史上の重要なできごと，つまりオペラの出現
と，通奏低音伴奏によるモノディの成立，そしてバロック時代の始まり
は，深く関連している。
　では，バロック音楽とはどのような特徴を持つ音楽であるのか。その
検討はバロック時代の声楽について検討する第8章と，同時代の器楽に

ついて検討する第9章で行うこととし，本章では18世紀半ばまでのオペラの変化を確認しておこう。なお研究者によって見解は様々だが，音楽史上のバロック時代は18世紀前半には終わるとすることが一般的である。よって本章で論じるオペラは，バロック時代に続く古典派の一部までを射程に収めていることとなる。

（2）モンテヴェルディのオペラ

　フィレンツェにおける古代悲劇の研究・復興の試みがペーリらによる最初期のオペラ作品として結実したとしても，それが即座に社会の広い範囲の人々に影響を及ぼした訳ではない。古代悲劇の復興などという人文主義的な試みに熱心に取り組んだのは社会の上層や知的エリートたちであって，一般の人々がそうした試みに触れ，熱狂するという状況がすぐに生まれたわけではなかったのだ。

　そうした中で，フィレンツェにおけるオペラの試みの影響を受け，同じイタリアのマントヴァ宮廷においてもオペラを上演しようという動きが持ち上がった。この時，音楽面を任されたのが宮廷楽長を務めていたモンテヴェルディClaudio Monteverdi（1567-1643）である。こうして彼の最初のオペラ作品である《オルフェーオ Orfeo》が1607年に初演され，早くも1609年に総譜が出版されることとなった。このオペラは，筋の細部は異なるものの，ペーリによる現存最古のオペラ《エウリディーチェ》（第6章1）と同様にギリシャ神話のオルフェウスの物語に由来する。

　モンテヴェルディの《オルフェーオ》は，今日において劇場上演や録音・映像ソフト制作がある程度の頻度で行われるオペラとしては，最古のものである。本作が現代人にも広く受け入れられる要因として，音楽による感情表現・情景描写の巧みさが指摘されるだろう。その1つの手

法として，不協和音の大胆な使用が挙げられる。モンテヴェルディは，
歌詞内容の表現のためなら作曲の規則に反するような不協和音の使用を
も辞さないという「第2の作法」（第8章2参照）を提唱した人物であ
り，その手法は，例えば《オルフェーオ》第2幕において，妻の死を告
げられたオルフェウスの嘆きにも確認される。ここでは，執拗な不協和
音の反復によってオルフェウスの悲痛な思いが表現されている（譜例
7-1）。

私の生命である女（ひと）よ、君が死んでしまったのに、私は息をしているのか。君が私から去って永久に戻っては来ないのに、私は残っているのか。いや、もし詩に何らかの力が有るなら、私はきっと、深い奈落の底まで行き……

譜例7-1　モンテヴェルディ作曲《オルフェーオ》第2幕から

（グラウト・パリスカ『新西洋音楽史』中巻，戸口幸策他訳，音楽之友社，1998年，p.38より一部修正の上転載）

　同作は，豊かな管弦楽法によっても知られる。《オルフェーオ》の出
版譜では多数の楽器が指定されており，管弦楽の多彩な響きによって物
語や情景が鮮明に語られる。当時のオペラの楽譜は，詳細な楽器指定を
伴わないことが一般的であった。そうした中で同作の楽譜が具体的な楽
器の名を詳細に挙げていることは，モンテヴェルディの豊かな管弦楽法
を反映しているだけでなく，それを実現可能としたマントヴァ宮廷の文
化的・経済的な力を誇示しているという面も指摘されるだろう。

（3）オペラの大衆化

　このように，成立後しばらくは社会の上層や知的エリート達によって
楽しまれていたオペラであるが，やがて公開の劇場によって社会の広い
人々に楽しまれるようになる。その先鞭をつけたのがヴェネツィアで，
この地で1637年からオペラを上演した新サン・カッシアーノ劇場が史
上初の公開オペラ劇場とされる。さらに同地では複数の公開劇場が開設
されていく。

　1613年になると，まさにこの都市にモンテヴェルディがやってくる。
マントヴァ宮廷の職を失った彼は，ヴェネツィアのサン・マルコ聖堂の
楽長に迎えられたのである。そしてヴェネツィアの地で，少なくとも
《ウリッセの帰郷Il ritorno d'Ulisse in patria》（1639-40年初演）と
《ポッペーアの戴冠L'incoronazione di Poppea》（1642-43年初演）の2
作品を上演した。後者は古代ローマの皇帝ネロ（37-68）とその妻ポッ
ペーアをめぐる史実を題材とするものである。これ以後，オペラの題材
はギリシャ神話だけでなく古代の歴史にも求められるようになる。

　《オルフェーオ》と比較しながらこれらの2作品を聴くと，アリア風
の独唱歌や，いわゆる「愛の二重唱」といった後世のオペラで一般的と
なる歌唱形態へ接近していく傾向が感じられる。モンテヴェルディの後

にも，ヴェネツィアでは，カヴァッリ Francesco Cavalli（1602-1676）やチェスティ Antonio Cesti（1623-1669）らが続くことでオペラの盛んな上演が続けられ，さらに変質を遂げていった。

　こうしたオペラの変質を，大衆化という観点から理解することが可能だろう。当初のオペラのように人文主義的で学問的な関心から上演される場合とは違い，公開劇場での上演は大衆向けの興行という性格が強い。そこでは古代悲劇をいかに復興するかという当初の理念よりも，後にアリアと呼ばれるような技巧的で華やかな歌や抒情的な歌が重視された。

　そうした歌を歌う歌手もまた大衆的な人気を得ていく。中でも重要なのはカストラート，つまり幼少時の去勢によって声変わりを免れた男性高音歌手である。彼らはソプラノやアルトの高音域と力強く輝かしい声を兼ね備え，当時のオペラにおける主役や敵役などの重要な役どころを歌って圧倒的な人気を博した。さらに目もくらむような視覚的効果をもたらす舞台装置も大衆の目をくぎ付けにし，その足をオペラ劇場へと運ばせることになった。

　半面，オペラにおいて軽視されるようになっていったのは合唱である。合唱は人件費がかかる一方，華麗な独唱ほどの大衆的な人気を得ることはなく，興行主たちにとっては魅力あるものではなかった。公開劇場における上演では収益性も重要な課題であり，合唱はそれほど重視されなくなっていく。こうして大衆化を1つの重要な契機としてオペラは変質していき，やがてイタリア・オペラの様式が固まっていく。

（4）イタリア・オペラの様式

　ヴェネツィアに限らず，17世紀から18世紀にかけてオペラへの熱狂はイタリアの各地で高まった。ローマやナポリは特に重要な土地であ

り，中でもナポリで活躍したA.スカルラッティAlessandro Scarlatti（1660-1725）の名は当時のイタリア・オペラにおける最重要人物として挙げることができるだろう。本来は土地ごとに異なった様式のオペラが栄えたが，ここではそうした差異に立ち入る余裕はなく，イタリア・オペラの最大公約数的な特徴について述べよう。

　当時のイタリア・オペラは，原則としてレチタティーヴォとアリアの交代を骨格とした。このうち，レチタティーヴォは叙唱とも呼ばれるもので，語りに近い調子で歌われた。このレチタティーヴォこそ，オペラ成立当初のモノディの理念（第6章1（3）および3（1）参照）を受け継ぐものとみなすことができるだろう。一方のアリアは，我々が想起するところの歌により近いものであり，抒情的な旋律や高度で技巧的な旋律によって，聴衆を魅了した。中でもカストラートによって歌われるアリアは，当時のイタリア・オペラにおける最大の売りであった。

　レチタティーヴォとアリアは劇の筋という観点からも異なった性格を帯びていた。前者は，劇の虚構世界におけるセリフに相当する。レチタティーヴォによって物語は進められ，劇中の様々な出来事が起きて登場人物の感情は揺れ動く。一方のアリアにおいては劇の進行は一時停止され，その瞬間における登場人物の情念が切々と歌われる。こうしたアリアの情念表出は，聴衆に対して行われるものであり，原則として劇中の他の人物に対して行われるものではなかった。

　そのことをよく表すのが，当時のアリアにおいて多用されたダ・カーポ形式である。これは，アリアを前半と後半の2部分に分ける形式であり，後半が終わった後は再び曲の冒頭に戻って前半のみが反復された。こうした循環的な形式が可能であったのは，アリア内において出来事の進展や感情の変化が生じなかったためである。仮にそれらの変化が起こっているのであれば，冒頭に戻った際に辻褄が合わなくなっただ

ろう。

　このようにレチタティーヴォとアリアという音楽的・劇的性格の異なった歌唱が交互に現れることによって，当時のイタリア・オペラは進められていった。その影響はイタリアのみならず，ドイツやイギリスなど各国に波及した。そうした中，イタリア・オペラを拒絶し，独自のオペラを確立した例外的な国がフランスである。

2.　フランス・オペラの確立

（1）フランスにおけるオペラ導入

　フランスでもイタリア・オペラの導入はたびたび試みられた。しかし劇のセリフをすべて歌うオペラという音楽劇の形式に対してフランス人は馴染めず，また主要な役柄を担ったカストラートも受け入れられなかったため，オペラが根付くことはなかった。

　その背景として，フランスが演劇大国であったことも無視できない。当時のフランスでは優れた劇作家達が活躍し，また音楽やダンスを伴う舞台芸術ジャンルも多かったため，わざわざオペラを導入する動機を欠いていたのである。例えば17世紀後半には高名な劇作家モリエールMolière（1622-1673）がコメディ・バレを創始していた。これは通常のセリフを用いる劇に音楽やダンス場面をふんだんに盛り込んだもので，音楽はイタリアから来た音楽家であるリュリ Jean-Baptiste Lully（1632-1687）が担当した。このリュリこそが，フランス様式のオペラを確立する立役者となる。

　フランス独自のオペラの第一歩は，詩人ペラン Pierre Perrin（1620頃-1675）と音楽家カンベール Robert Cambert（1628頃-1677）によって刻まれた。彼らは初のフランス・オペラとされる《ポモーヌ Pomone》を1671年に上演し，評判となった。するとリュリが彼らの上

演団体の権利を取得し，1672年には王立音楽アカデミーを立ち上げる。国王ルイ14世（1638-1715）の寵臣であったリュリは，王の保護のもと事実上オペラを独占的に上演する体制を確立し，独自のオペラ様式を確立していった。なお，このアカデミーが後に組織としてのオペラ座になっていく。

（2）フランスのオペラ様式

　リュリのオペラは，荘重なフランス風序曲によって幕を開ける。これは付点リズムを多用した緩徐部分に，模倣を中心とした書法による急速部が続くもので，当時の器楽ジャンルにも広く応用された。舞踏場面の多用もフランス・オペラの重要な特徴で，様々な舞曲がオペラの中に組み込まれた。

　一方の声楽に関しては，歌詞はフランス語で，声楽曲の種別としてはレシタティフが重視された。その多くは拍子が頻繁に揺れ動くような拍節があいまいな歌で，それによってフランス語の響きやリズムが活かされた。イタリアのレチタティーヴォと異なり，フランスのレシタティフは旋律的な動きも豊富に含み，オペラの骨格を形成する重要な存在であった。一方，明確な拍節を持つ部分（エール等と記された）が挿入されるようにして用いられたが，そうした部分でもしばしば舞曲のリズムが用いられた。またイタリア・オペラと対照的に合唱が多用された点も見逃せない。

　全体的な構造としては，プロローグに複数の幕が続く形が一般的であった。この内，プロローグでは本編からは独立した短い筋の劇が展開され，その中で様々な形で王権への賛美が行われた。

　リュリの確立した様式のオペラは，音楽悲劇 tragédie en musique や抒情悲劇 tragédie lyrique などと呼ばれ，18世紀にかけて上演が続いた。

一方，17世紀の末からは，オペラ・バレと呼ばれる新たな様式のオペラも人気を博した。荘重な悲劇としての性格が強いリュリのオペラに対し，オペラ・バレでは歌や舞踏場面の楽しみが重視された。オペラ・バレの創始者は，《粋なヨーロッパ L'Europe galante》（1697年初演）の作者であるカンプラ André Campra（1660-1744）とされる。

　オペラ・バレは，複数の幕から成り立っていながら一貫した筋を持たず，幕ごとに異なった場面設定で短い劇が展開されることが一般的であった。そしてそれぞれの幕の最後には大規模なディヴェルティスマンが置かれることが多かった。ディヴェルティスマンとは，筋ではなく歌や踊りの楽しみに重点を置いた部分で，聴衆の関心が劇の筋よりも華やかな舞踏場面に移っていたことを反映している。

3．18世紀におけるオペラの変化

（1）喜劇オペラの興隆

　古代悲劇の復興として出発したオペラは，悲劇としての性格を基調として広まっていった。なお悲劇という語は，必ずしも幸せな幕切れを排除するものではない。一般的には，神話や古代の歴史に取材した荘重な筋書きを持つ作品を意味するものと理解することができる。

　しかし18世紀に入ると，喜劇的な性格を持つオペラ・ジャンルが勃興してくる。その一例として，イタリアのインテルメッゾが挙げられる。これは，元来はオペラの幕間に演じられた短い喜劇的な音楽劇であった。やがてインテルメッゾは人気を博し，独立して上演されるようになっていった。その代表作として，ペルゴレージ Giovanni Battista Pergolesi（1710-1736）の《奥様女中》（1733年初演）が挙げられる。

　複数の幕からなる大規模な喜劇オペラも広く上演されるようになる。こうしたオペラはオペラ・ブッファと呼ばれ，従来の荘重なオペラはオ

ペラ・セリアと呼ばれるようになっていった。オペラ・ブッファは単に喜劇的な内容を持つだけでなく，日常的・庶民的な筋書きを持つ点も重要である。これは，神話や古代の歴史など非日常的な題材によるオペラ・セリアと好対照をなす。音楽的には軽快で分かりやすい旋律による作品が広く人気を集めた。日常的な題材を扱うだけあって，カストラートは一般にオペラ・ブッファでは避けられた。人工的に作り出された彼らの華麗な高音域は，神話の英雄にこそふさわしかったのである。

喜劇オペラの流行はフランスにも及ぶ。その発端は1752年にイタリアから来た一座がパリでペルゴレージの《奥様女中》などを上演したことであった。やがてフランス人たちも自身たちの手になるオペラ・コミックと呼ばれる喜歌劇を創始した。

オペラ・コミックでは，牧歌劇風の筋書きを持つ作品が多かった。内容的には，いくらか感傷的な性格を伴うものもしばしば見られた。重要なのは，セリフのすべてが音楽化されていたわけではなく，語りのセリフと歌が交互に現れた点である。このオペラ・コミックが起源の1つとなる形で，19世紀にオペレッタが誕生する。

（2）オペラ改革の試み

ここまで概観してきたように，17世紀から18世紀にかけてのオペラの歩みにおいて顕著なのは，音楽的な楽しみの充実を目指そうとする傾向である。その具体的な表れとして，華やかなアリアの流行やダンス場面の充実などが挙げられるだろう。その背後に，オペラが大衆的な人気を博し，社会のより広い範囲の人々に愛されるようになっていったことが透けて見える。

一方，音楽的な楽しみが充実した反面として，演劇としての性格がオペラから減退していったことは否めない。オペラが元々は古代悲劇の復

興を目指す試みから発していることを思い出すと，ここに当初の志からの逸脱を見て取ることができる。

　こうした傾向を受け，18世紀になると，オペラにおける演劇性の希薄化が大きな問題となった。その一例として，イタリア・オペラにおけるカストラートの専横が挙げられる。人気を集めたカストラート達は，やがてアリアの勝手な差し替えなどを行うようになり，また観衆もそれに迎合するようになっていたのである。

　またアリア，特に当時好まれていたダ・カーポ形式のアリアの増加も重大な問題となっていた。アリアの間は筋が進展しない上に，ダ・カーポ形式のアリアでは反復を伴うため，その分だけ余計に劇の進行が妨げられたのだ。オペラは，劇を目的とし音楽を手段として用いるものから，劇を口実に華麗なアリアを楽しむ場へと変化していたのである。

　こうした状況に危機感を募らせ，イタリア・オペラにおける演劇性の回復を試みる音楽家たちが現れた。その代表例としてヨンメッリ Niccolò Jommelli（1714-1774）やトラエッタ Tommaso Traetta（1727-1779）の名が挙げられる。どちらも当初はナポリでオペラを学び，ヨンメッリはドイツのシュトゥットガルトの宮廷で，トラエッタはイタリアのパルマの宮廷で活躍した。興味深いことにどちらの宮廷もフランス趣味が強く，両者によるイタリア・オペラの見直しは，フランス・オペラの要素を導入する形で進められた。具体的には，アリア重視の傾向を排し，合唱の復権も目指された。さらにフランス風の舞踏場面の導入も行われている。

（３）グルックのオペラ

　こうした流れを受けてオペラ改革を目指したのがグルック Christoph Willibald Gluck（1714-1787）である。ボヘミア出身のグルックは，当初イタリア・オペラを手掛けていたが，フランスのオペラ・コミックも作曲するようになる。やがてイタリア・オペラの改革を志したグルックは，1762 年には改革オペラの嚆矢となる《オルフェーオとエウリディーチェ Orfeo ed Euridice》をウィーンで初演した。

　同作は意欲的な試みが多数盛り込まれたオペラである。題材はモンテヴェルディの《オルフェーオ》と同様，ギリシャ神話のオルフェウス物語だが，カルツァビージ Ranieri Calzabigi（1714-1795）による台本は物語を徹底的に切り詰めた。例えば，幕が開けるとすでにエウリディーチェは死んでおり，悲しみの只中から物語は始まる。登場人物は極端に少なく，主人公のオルフェウスの他には，エウリディーチェと愛の神に若干の出番がある程度である。

　登場人物の少なさは，アリアの数の抑制につながっている。また過剰な表現や声楽技巧の排除も顕著である。例えば，冥界からの帰路に再びエウリディーチェを失ったオルフェウスが歌うアリアは，悲しみの只中の歌でありながらハ長調で書かれている。一方，レチタティーヴォは充実した管弦楽伴奏を伴い，結果としてアリアとの差が縮まっている。

　合唱の重視も同作の特徴として指摘できる。合唱はオルフェウスと共にエウリディーチェの死を嘆く仲間や，オルフェウスの冥界下りを阻む亡霊などとして物語に積極的に関わり，音楽的にも大変に充実している。

　こうしたグルックの試みは，必ずしも広く受け入れられた訳ではなく，依然としてイタリア・オペラにおけるアリアの重視などといった傾向は続いた。一方で彼のオペラはフランスで評価された。グルック自身

がパリに赴いて《オルフェーオとエウリディーチェ》などの改革オペラ
をフランス語で上演し，人気を博したのである。

　オペラにおいて演劇面と音楽面のいずれを重視するかという問題は，
この後もオペラ史を揺さぶる動因となっていく。その具体的な様相は，
19世紀のオペラについて論じる際に言及されるだろう（第14章）。

参考文献

1．戸口幸策『オペラの誕生』平凡社ライブラリー，2006年
2．丸本隆編『初期オペラの研究』彩流社，2005年
3．丸本隆・荻野静男他編『キーワードで読む オペラ／音楽劇 研究ハンドブック』
　　アルテスパブリッシング，2017年

学習課題

1.　モンテヴェルディの《オルフェーオ》と《ポッペーアの戴冠》を鑑
　　賞し，両者の間の違いがどこにあるか確認しなさい。
2.　カストラートが主役を務めるイタリア・オペラを探し，その役柄が
　　カストラートのいない現代の上演でどのように歌われているか複数の
　　実例を聴き比べなさい。
3.　オペラにおける演劇性を重視した作曲家を古典派以降から探し，そ
　　の作曲家の作品において音楽と劇がどのように関わっているか調べな
　　さい。

8 | バロック時代の声楽における歌詞と音楽

赤塚健太郎

《**目標＆ポイント**》 バロック音楽を特徴づける重要な要素である通奏低音について理解する。さらにバロック時代の聖俗の声楽ジャンルについて学び，当時の音楽が情念の表出を重んじたことや，オペラに由来する要素が広い範囲の声楽曲に影響を与えていたことについて学習する。
《**キーワード**》 バロック音楽，情念論，フィグール論，カンタータ，オラトリオ

1．バロック音楽と通奏低音

（1）音楽史におけるバロック時代

　第6章で確認したように，16世紀の人文主義者たちによるいかにもルネサンス的な試み，つまり古代悲劇の研究と復興は，通奏低音に伴奏されるモノディという新しい声楽様式を生んだ。そして，この新しい声楽様式が情念の劇的表出を重んじることが一因となり，音楽史におけるルネサンス時代は幕を閉じ，バロック時代が始まることとなった。

　一般に音楽史におけるバロック時代は，通奏低音付きモノディが出現し，それを用いるオペラという新しい音楽劇が確立した1600年頃に始まるとされる。バロック時代の終わりについては研究者によって様々な見解があるが，18世紀の前半には既に音楽様式の大きな変遷が起き始めていた。よって，バロック時代の範囲を大まかに述べるなら，17世紀から18世紀前半までと規定することができるだろう。

　バロックという語の由来には諸説ある。その代表的なものとして，歪^{いびつ}な真珠を表すバロッコbarrocoというポルトガル語に起源を求める説が知られている。その是非は別として，本来バロックという語は大げさで歪な様子や，装飾過多な様子を表す否定的な語として用いられた。それが芸術の時代様式区分として初めて肯定的な意味で用いられたのは美術史研究においてである。やがて音楽史研究でも，この語が17世紀から18世紀前半の音楽を指す語として定着した。

　一般にバロック芸術とは，大げさな対比・対照や過剰なまでの装飾を用い，劇的な性格を持つ。特に音楽史においては，情念表出がバロック音楽の特徴とされることが多い。しかし，対照性や装飾の利用は他の時代にも見られるし，作曲や演奏において情念を込めるという態度自体は他の時代でも一般的である。では，結局のところバロック音楽の特徴とはどのような点にあるのだろうか。

　その点について本章では声楽分野を，次章では器楽分野を対象に検討する。その細部に入る前に，ここでバロック音楽を特徴づける通奏低音という声部について改めて確認しておこう。

（2）通奏低音の概要

　通奏低音という声部は，端的に言えば伴奏声部である。しかし伴奏という語が持つ従属性はこの声部には似合わず，むしろ音楽の実質を担い，他の声部を主導していくような重要性が通奏低音にはある。この通奏低音声部について，まず記譜上の特徴から確認していこう。

　一般に通奏低音は，単旋律の低音声部として記譜される。よって演奏者は，当然にこの低音旋律を奏でることで上声部を伴奏する。この際重要なのは，低音旋律が頻繁に数字を伴っている点である。この数字は，当該箇所においてどのような和声が形成されるかを示す手引きとして機

能し，通奏低音奏者は，数字に基づいて楽譜には明示的に記されていない和音や対旋律を即興によって補う。このように，即興性が重要な役割を果たすのが通奏低音の特徴である。数字によって和声の枠組みが示されるが故に，通奏低音は，数字付き低音と呼ばれることもある。リュートや鍵盤楽器のための独奏曲などは別として，バロック音楽の大半はこの通奏低音によって下支えされている。

　実際の演奏においては，記譜された低音旋律は，チェロや低音域のヴィオラ・ダ・ガンバのような弓奏弦楽器，ファゴットのような低音域の管楽器によって演奏されることが多い。さらにチェンバロやオルガンといった鍵盤楽器奏者の左手がこの声部を演奏することが一般的である。

　一方，鍵盤楽器奏者の右手は，上述の即興的な和音や対旋律の充填を行う。リュートやギターといった撥弦楽器も，こうした和音や対旋律の即興的な演奏を担うことが多い。このように通奏低音は，必ずしも一人の演奏者によって奏でられるとは限らず，場合によっては通奏低音声部だけで様々な楽器による大規模な合奏が実現することもある。

　通奏低音の実例を，当時出版された楽譜の実態と合わせて確認しておこう。譜例8-1は，現存する最古のオペラ《エウリディーチェ》にも関わった音楽家カッチーニ Giulio Romolo Caccini（1551-1618）の歌曲集《新音楽 Le nuove musiche》（1602年出版）に収められた〈麗しのアマリッリ〉の冒頭である。ト音記号を用いた上声部は歌唱声部であり，ヘ音記号（ただし現代のものと異なり第3線がヘ音となる）を用いた下声部が通奏低音声部である。この通奏低音声部の随所に数字が振られているのが確認できる。

譜例8-1　カッチーニ作曲〈麗しのアマリッリ〉冒頭

　ここで数字の詳細に立ち入る余地はないが，概ね低音声部に記譜され
た音符の何度上の音を補うかが略記されている。こうした数字による和
声の指示は，必ず守るべきものではなく，あくまで目安である。通奏低
音に振られた数字は一種の略記された総譜であり，そこに示された和声
の骨組みを読み取って即興により伴奏の和音や対旋律を補うのである。
また，上声部はこの骨組みが許す範囲で旋律としての独自の動きを見せ
る。このように通奏低音が示す和声を骨格としつつ，その範囲内で各声
部が競い合い歌い交わすことでバロック音楽は成り立っている。
　結果として，バロック音楽では縦に積み重ねられた諸音符が同時的に
鳴り響かせる和音も音楽上重要な要素となっている。それを受け，和音
をどのように連ねるかについても定型的な語法や理論が発展した。その
体系化の好例として，フランスの音楽家ラモーJean-Philippe Rameau
（1683-1764）による理論書『和声論』（1722年出版）が挙げられる。同
書は近代的な和声学の出発地点と目される重要な業績である。

　こうした和音の連結という発想は，頻繁に用いられる終止形を確立させる。長調の場合，典型的な終止形とはある調における属和音（ソ・シ・レ）から主和音（ド・ミ・ソ）へと進むことであり，音楽の流れを一度落着させる働きを持つ。それゆえ，終止形は文章における句点に例えられる。和声的には落ち着きを与える安定的な主和音に吸引されるように進み，旋律的には導音（第4章1）に促されるなどして主音に到達しようとする音楽，つまり調を持つ音楽がこの時代には一般化する。

2. バロック時代の世俗声楽曲

（1）モンテヴェルディのマドリガーレ

　ルネサンス期からバロック期にまたがって活躍した重要なイタリアの音楽家であるモンテヴェルディの作品からも，通奏低音の広まりは確認される。彼は前章で確認したオペラの他，マドリガーレでも優れた楽曲を多数残している。彼のマドリガーレ集を紐解くと，通奏低音に伴奏された劇的な様式への移行が明らかである。

　さらに，歌詞の情念を表現することを目的とした不協和音の使用もモンテヴェルディのマドリガーレには顕著である。不協和音の使用に対して慎重で，三和音の確保を基本としたルネサンス時代のポリフォニーに慣れた人々にとって，モンテヴェルディの不協和音の用法はあまりにも大胆に感じられた。そのために生じた批判の声に対し，モンテヴェルディはマドリガーレ集第5巻（1605年出版）の序文で「第2の作法」を打ち出すことで応じている。これは，歌詞内容の表現のために敢えて大胆な不協和音を使用することを宣言したものである。その例を，同曲集に含まれるマドリガーレ〈つれないアマリッリよ Cruda Amarilli〉（譜例8-2）に見出すことができる。また，こうした歌詞に即した不協和音の自由な用法が彼のオペラをより劇的なものとしたことについては，前章で確認した通りである（第7章1）。

ああ、その名によっても愛することの苦さを教えてくれるつれないアマリッリ Amarilli よ。["愛する" は amare, "苦い" は amaro]

譜例8-2　モンテヴェルディ作曲《マドリガーレ集》第5巻から 〈つれないアマリッリよ〉冒頭

（グラウト・パリスカ『新西洋音楽史』上巻，戸口幸策他訳，音楽之友社，1998 年，p. 260 より一部修正の上転載）

（2）カンタータの流行

　バロック時代の世俗声楽ジャンルとしては，カンタータの流行も重要
である。カンタータは，そもそもはイタリアで17世紀前半に広まった
もので，主としてモノディによる変奏曲形式の声楽曲であることが多
かった。しかし世紀半ばからはレチタティーヴォとアリアの交代を中心
にした声楽ジャンルとなっていった。

　レチタティーヴォとアリアの交代から成る点で，カンタータはオペラ
に近い。実際，前章にて重要なオペラ作曲家として言及したチェスティ
やA.スカルラッティなどがカンタータでも優れた楽曲を残している。
ただしオペラと違い，カンタータは舞台装置や演技，特別な衣装や小道
具などを伴わずに上演されることが一般的であった。また時間的な長さ
という点でも規模は小さい。中には重唱や合唱を用いるものもあった
が，中心となったのは独唱用の楽曲で，器楽についても通奏低音声部の
みか，他に若干の旋律楽器を伴う程度のものが多かった。

　このように，カンタータは劇場外で上演される一種のミニ・オペラと
見なすことが可能なものであり，社会の様々な場で人気を博した。やが
て他国の音楽家たちもカンタータの創作に乗り出し，例えばフランスで
は，フランス語による独自のカンタータが花開いた。さらにカンタータ
は，教会音楽にも取り入れられていくことになる。

3. 情念論とフィグール論

（1）バロック時代の情念論

　そうした教会音楽の状況に移る前に，バロック時代の声楽曲における
情念表出のあり方について検討しておこう。情念表出は器楽においても
重要な観点であったが，具体的な意味内容を持った歌詞を伴う声楽にお
いて，より明確に把握されるだろう。

　モンテヴェルディの述べる「第2の作法」に顕著なように，歌詞内容の音楽的な表現はしばしば音楽的な規則からの逸脱を伴った。そうした大胆な手法は，やがて各種の情念を表現するための様々な具体的技法となって定着していく。

　その背後に，デカルトRené Descartes（1596–1650）に端を発する情念論の考え方を読み取ることができる。デカルトは人間の情念をいくつかに類型化した上で，それらを引き起こすのは脳内の動物精気の運動であるとした。こうした考えは，やがて様々な音楽的手段によって情念を喚起することが可能であるとする議論となり，情念の動きと具体的な音楽的手段とを結び付ける情念論として当時の音楽に浸透していく。

　ここでいう音楽的手段とは，例えば拍子やテンポなどである。調もまた情念と結び付けて論じられることの多かった要素であり，ある調がどのような情念や性格を喚起するか議論する調性格論が様々な論者によって試みられた。

　こうした音楽による情念表出に関して注意しなくてはならないのは，それが主観的で個人的な感情表現ではないということである。音楽家が今まさに感じている自己の感情を吐露するといった感情表現の発想は，まだこの時代には薄い。むしろ類型化された情念を，多様で，しばしば定番化した手法によって音楽的に喚起することができるという発想がバロック音楽における情念表出を特徴づけるのである。

（2）バロック時代のフィグール論

　こうした情念論は，ある楽曲やある楽章を単位とし，そこで中心となる情念をどのような調や拍子を用いて表現するかという議論として現れた。一方，より小さな単位の議論，つまり歌詞の単語や単文をどのように音楽化するかという議論も行われ，具体的な表現手段が発達した。そ

の典型的な表れがフィグールFigurをめぐる論である。

　フィグールとは音型や文彩とも訳されるもので，ある歌詞内容をより説得力あるものとして聴く者に印象付ける手段である。歌詞が昇天を示す際，そこに音階的に上行する音型（アナバシスのフィグールなどと呼ばれた）を当てはめるといった手法がその典型例である。こうしたフィグールの議論は，しばしば修辞学の伝統に則し，その用語を用いて展開された。

　情念論やフィグール論は聖俗を問わず重視されたものだが，その具体例は次節で宗教声楽曲を論じる際に挙げることとしよう。

4．バロック時代の宗教声楽曲

（1）教会カンタータやオラトリオの流行

　世俗声楽曲の分野でカンタータが流行すると，やがてその様式は宗教声楽曲にも移植された。18世紀になるとレチタティーヴォとアリアの交代を骨格とする教会カンタータの様式が確立し，特に北部・中部ドイツのプロテスタント圏で栄えた。これは，イタリア様式のオペラに類似した音楽が宗教音楽でも用いられた例として興味深いが，一方で，合唱曲がしばしば組み込まれたことなどが相違点として指摘できる。

　教会カンタータと同じく，レチタティーヴォとアリアの交代を骨格とした宗教声楽曲のジャンルとしては，オラトリオも重要である。当初，聖堂に集った信徒たちによる聖書朗読に伴う音楽として出現したオラトリオだが，やがて大規模化し，18世紀に入る頃には合唱と管弦楽を伴う大規模な宗教声楽曲となっていった。オラトリオは必ずしも教会で上演されるとは限らず，宮廷や劇場にも広く進出した。

　オラトリオは，音楽的にはレチタティーヴォとアリアの交代を中心として構成され，劇的な歌詞によって宗教的な内容を歌う点が特徴とな

る。ここにオペラへの接近を認めることができるだろう。一方，しばしば合唱を多用し，またカンタータと同様に舞台装置や演技などを伴わなかった点がオペラとの相違として指摘できる。

　こうしたオペラに接近した宗教声楽曲の様相を確認し，同時に調性格論やフィグール論の観点から歌詞と音楽との関係を検討する舞台として，現代でも頻繁に演奏されるヘンデルGeorg Friedrich Händel（1685-1759）のオラトリオ《メサイアMessiah》を挙げてみよう。

（2）ヘンデル作曲オラトリオ《メサイア》を例に

　ヘンデルは中部ドイツに生まれた音楽家で，本場のオペラを学ぶためにイタリアに遊学した後，ロンドンへと渡った。この地でイタリア・オペラの作曲家として盛んに活動したヘンデルだが，やがてオペラの流行が衰え，経済的にも立ち行かなくなったため，彼は英語を歌詞としたオラトリオの作曲へと創作活動の主軸を移す。オペラとオラトリオは音楽的に類似しているため，こうした転身も困難ではなかったと考えられる。

　《メサイア》はヘンデルのオラトリオの中でも群を抜いて有名な作品で，1742年にダブリンで初演された。3部から構成され，キリストの降誕，受難，復活を描くが，その第2部の終曲である第39曲が〈ハレルヤHallelujah〉の合唱としてお馴染みである。なお《メサイア》は楽譜の版によって内容の違いが大きく，曲番号も楽譜によって異なることがある。

　〈ハレルヤ〉の直前にはテノールによるレチタティーヴォとアリアが置かれており，ここにオペラ的な構成がオラトリオという宗教声楽曲に持ち込まれていることが確認される。この内の第38曲のアリアは，弦楽合奏と通奏低音によって伴奏され，歌詞は抵抗する者たちをイエスが

鉄の杖で陶器を砕くようにして打ち倒す様を描いている。「陶工の器potter's vessel」という歌詞を伴って現れる第26小節からの長いメリスマは，それ自体として聴かせどころとなっているだけでなく，旋律が細かい16分音符に分割されていることによって陶器の砕ける様を示していると考えられる（譜例8-3 a）。アリアを通じて伴奏のヴァイオリンが執拗に繰り返す16分音符を連ねた音型も，まさに破片が砕ける様子を表しているのかもしれない（譜例8-3 b）。これらの音型は，形象模写のフィグールとして解釈できるだろう。

a：テノール声部（第22〜30小節）

b：ヴァイオリン声部（第1〜5小節）

譜例8-3　ヘンデル作曲　《メサイア》第38曲から

　続く〈ハレルヤ〉の合唱曲は，2つのトランペットを伴うニ長調の合唱曲である。大規模な合唱が部の締めくくりに現れる点にオペラとオラトリオの違いを見出すことができる。

　この曲は神及びキリストを，君主や統治者のイメージで賛美する。それは「王の中の王king of kings」や「彼は永遠に統治するだろうand He shall reign for ever and ever」といった歌詞から明らかだろう。後

者はフーガ風の書法によって，つまり模倣を中心とする書法で歌われる（譜例8-4）。模倣とは先行する声部をなぞっていくことであり，そのためフーガは，定められており避けられないもの，つまり運命や契約，規則を表すフィグールとして用いられることがしばしばあった。この曲でも神による統治が不変であることを描くためにフーガがフィグールとして用いられていると考えられよう。

譜例8-4　ヘンデル作曲《メサイア》第39曲から　合唱声部
（第41〜51小節）

　なお，この合唱曲が書かれたニ長調は，勝利や君主を象徴する壮麗な調としての性格が認められていた。当時のトランペットは，後世のものと違ってバルブ装置を持たず，演奏できる調が限られていた。ニ長調は，トランペットの多くが得意とした調であり，そのためこの調の性格は，トランペットやそれが象徴する好戦的な情緒，さらに軍楽やそれを鳴り響かせる君主のイメージと結び付けられていたのである。よって，神やキリストを君主や統治者として讃えるこの合唱曲がトランペットを用い，ニ長調で書かれたことには必然性が認められよう。

　このように，情念論の一環としての調性格論やフィグール論を手掛かりとすることで，歌詞と音楽の結びつきの一端が露わとなる。バロック時代の音楽は言語的な読解に近い解釈も可能となるほどに言葉と結びついていたのであり，そこにおける情念や性格の表現は，個人的で主情的なものではなく，むしろ人の情念を掻き立てる多様な共有手段によって支えられていたのだ。

　そして言語との結びつきを重んじる音楽観に従えば，歌詞を持たない器楽よりも声楽の方が一般に優位に置かれることになる。しかしながら，バロック時代には器楽曲の創作が盛んになり，様々なジャンルが成立したことも事実である。そうした器楽の状況については次章で検討しよう。

参考文献

1．服部幸三『西洋音楽史 バロック』音楽之友社，2001 年
2．礒山雅『バロック音楽　豊かなる生のドラマ』NHK ブックス，1989 年
3．ニコラウス・アーノンクール『音楽は対話である』那須田務・本多優之訳，アカデミア・ミュージック，2006 年
4．ラモー『自然の諸原理に還元された和声論』伊藤友計訳，音楽之友社，2018 年

学習課題

1. 任意の教会カンタータを聴き，そこでオペラ的な構成が使われていることを確認しなさい。
2. ヘンデルの《メサイア》において，歌詞と音楽がどのように対応しているか〈ハレルヤ〉以外の曲を例にして考えてみなさい。
3. 音楽史を通じて調の性格についてどのような議論が行われてきたか調べてみなさい。

9 バロック時代における
器楽ジャンルの確立

赤塚健太郎

《目標＆ポイント》 バロック時代にソナタや組曲，協奏曲といったジャンル
が成立していった過程を学習する。また，ルネサンス時代の器楽に見られた
対比・対照や任意性の尊重を継続しつつ，バロック時代の器楽が根底におい
て統一性や単一性をも重んじていることを理解する。
《キーワード》 ソナタ，組曲，協奏曲

1. ルネサンス時代からの継続性

（1） 引き継がれた諸傾向

　第5章で確認したように，ルネサンス時代において既に器楽は一定の
充実を示していた。その際に重要だったのは，舞曲が重要な役割を果た
したことと，声楽に由来する器楽実践が広まっていたことである。これ
らの2点は，そのままバロック時代に引き継がれるのであって，ルネサ
ンスの器楽とバロックの器楽の間に明確な境界線を引くことはできな
い。

　またルネサンスの器楽において，すでに対比・対照の重視という傾向
が見られていたことも第5章で述べた通りである。対比・対照の重視は
バロック芸術の特徴とされることが多いが，この点でもバロック時代の
器楽を前時代のそれから明確に切り離すことはできない。

　従来，バロック期の音楽の特徴とされることが多かった即興性につい
ても，ルネサンス器楽において演奏の自由や任意性という形で既に現れ

ていたことは明らかである。このように，個々の要素を眺めてみると，
ルネサンス器楽とバロック器楽を整然と区分することは難しいことが明
らかとなる。

　一方で，17世紀以降は楽譜に書き記される器楽曲の数が急増し，ま
たソナタや組曲，協奏曲といった後の時代に引き継がれるジャンルの形
成が進んだことは事実である。またこうしたジャンル形成に当たって対
比・対照といった発想が重要な役割を果たしたことも見逃せない。そし
て記譜された器楽曲の増加が，器楽演奏の自由や任意性を一定の範囲で
制限していった一方，その制約下でバロック期の器楽が独自の即興的要
素を充実させたことも重要である。また，記譜された器楽曲においては
主題や楽想の単一性がしばしば確認されるようになる。

　本章では，こうした前時代からの継続性と新たな展開の両面を重んじ
ながら，バロック時代の器楽を概観しよう。

（2）舞曲を連ねる伝統

　ルネサンス期に見られた，拍子や性格という点で対照的な舞踏・舞曲
を任意に組み合わせて連続して実践する習慣は，バロック時代にも引き
継がれる。しかし組み合わされる舞曲は楽譜の上で規定されるように
なっていく。こうした動きが16世紀から17世紀にかけて不断の連続性
のうちに展開された。

　この際，組み合わされる舞曲間で何らかの統一性を持たせることが試
みられた。最も一般的なのは，調という点で統一を与える手法である。
こうして特定の調による舞曲を連ねた組曲というジャンルが生まれる。
ただし単調を避けるため，ある組曲内でも一時的に同主調（あるいは同
名調），つまり主音を同じくし長短の別が異なる調へ移ったり，平行調，
つまり調号を同じくし長短の別が異なる調へと移ることもしばしば行わ

れた。

　調による統一に加え，17世紀の組曲では主題による統一もしばしば試みられた。これは，組曲に含まれる複数の舞曲で，主題の冒頭を類似したものにすることによって統一性を確保しようとするものである。こうした統一性を持たせると，かえって舞曲の種類ごとの拍子や性格の違いが際立ち，対照性が露わとなる効果も生んだ。

　その最たるものとして，同一舞曲に対する拍子の変更という手法が挙げられる。これは，ある舞曲を演奏した後に，その舞曲の拍子を一定の手法で変更した形で再び演奏する習慣である。例えば，偶数拍子の舞曲の後に，その舞曲の旋律や和声をほぼ保ったまま3拍子化したトリプラ等と呼ばれる舞曲を続ける習慣が見られた。

（3）声楽に由来する器楽ジャンルの展開

　ルネサンス時代に見られたシャンソンなどの声楽曲を器楽で演奏する習慣は，17世紀にも継続され，器楽演奏の楽しみを追求するような形で編曲を加えることも盛んに行われた。やがてそのような様式で，声楽曲を模した楽曲を最初から器楽用に作曲することも一般的になった。イタリアではこうした楽曲は器楽演奏のためのカンツォーナと呼ばれたが，このジャンルはソナタというジャンル名で呼ばれることも増えていく。

　こうして生まれた器楽演奏のためのカンツォーナ（＝初期のソナタ）は，おおむね共通した傾向を示す。まず，全体は複数の短い部分の連なりとして形成される。この際，各部分は前後と対照的になるように連ねられることが多い。例えば速いテンポの部分の後にゆったりとしたテンポの部分が，偶数拍子の部分の後に奇数拍子の部分が，あるいは模倣風の書法の部分の後に旋律を簡素な低音声部が伴奏するモノディ風の部分

が続くといった具合である。

　こうして生まれた初期のソナタは，特定の楽器のためではなく，任意の楽器によって演奏されることを想定したものが多かった。そのため，ある楽器の特徴や機能を生かした名技性が追求されることはなかった。もちろん実際の演奏においては，得意とする楽器を生かした技巧的な工夫が凝らされることもあっただろうが，そもそもどんな楽器で演奏するか，そしてその楽器をどのように活かすかは演奏者に委ねられており，ここに演奏の自由や任意性・即興性の広さが認められる。楽器編成としては，任意の旋律楽器のための１声部を通奏低音が伴奏するような編成が多かったが，旋律楽器の声部を複数伴うものも見られた。

2.　バロック器楽における諸ジャンルの様相

（1）ソナタ

　このようにしてイタリアで広まったソナタという器楽ジャンルの発展は，17世紀を通じて，特にヴァイオリンの名手たちによって牽引されることになる。16世紀には祖型が確立していたヴァイオリンは，クレモナのストラディヴァリ Stradivari 一族などの名製作家一族が出るに及んで器楽の中心的な存在となり，17世紀には多数の名演奏家が出現してその技巧を競うようになっていた。

　彼らは，ヴァイオリンという楽器のために，この楽器の性格や機能を活かすような形でソナタを書くようになる。その顕著な例として，マリーニ Biagio Marini（1594‒1663）による楽曲〈２弦で演奏するソナタ〉が挙げられる。彼が1626年に出版したソナタ集作品８に含まれるこの曲は，ヴァイオリンの重音（複数の弦を同時に弾くことで和音を鳴らすこと）の使用を楽譜上で規定した最初期の楽曲で，まさにヴァイオリンならではの表現が実現している。

　このように楽器の機能を活かす方向に進んだことに加え，ソナタの構成要素である各部分が拡大されて明確な楽章という形をとるようにもなる。こうして多楽章形式のソナタが生まれた。また単独の旋律声部を通奏低音が支える独奏ソナタに加え，旋律声部を2つ持つ3声部のソナタも広まった。こうした3声部のソナタは，後世においてトリオ・ソナタと呼ばれるようになる。トリオ・ソナタでは，通奏低音上で2つの旋律楽器が競い合いつつ対比を築いていくのであり，いずれかの旋律楽器が主役となって他方に伴奏されるといった主従関係はないことが多い。異なる2種の旋律楽器を用いる場合は，音色や機能の違いが対照を成すこともしばしばである。

　イタリアのソナタは，当時を代表するヴァイオリン奏者であったコレッリ Arcangelo Corelli（1653-1713）によって集大成される。コレッリ自身は特に斬新な試みを行わなかったが，それまでの手法を高い次元でまとめることでバロック時代後期のソナタにとって最も重要な模範となる楽曲を残した。

　その中心をなすのは4つのトリオ・ソナタ集である。この内，作品1（1681年出版）と作品3（1689年出版）は一般に教会ソナタと呼ばれる形式を示す。教会ソナタとは典型的には4楽章で構成されるソナタであり，緩徐楽章と急速楽章が交互に現れ，拍子も楽章ごとに変わる。まさにこの点に，対照性の重視という初期のソナタからの系譜を読み取ることができる。一方で，コレッリのソナタは楽章冒頭で提示される主題や楽想から全体が導き出されることが多く，また技巧の追求も控えめである。結果として古典的ともいえる明晰さと統一感が確保されている。例えば，作品3の第2番第1楽章（譜例9-1）は，連続する八分音符の旋律によって絶え間なく歩む通奏低音の上で，その和声に沿う形で2つのヴァイオリンが大らかに響き合うという楽想で統一されている。

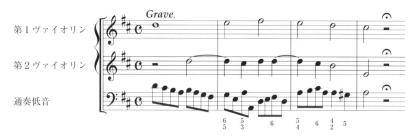

譜例9-1　コレッリ作曲　トリオ・ソナタ　ニ長調
作品3-2から　第1楽章冒頭

　一方，作品2（1685年出版）と作品4（1694年出版）は舞曲を連ね
たソナタとなっている。これらは一般に室内ソナタと呼ばれ，むしろ後
述する舞曲を連ねた組曲の系譜に連なるものである。なお教会ソナタや
室内ソナタといった呼称は慣習によるところが大きく，それぞれの演奏
場所は必ずしも教会や室内に限られるものではない。

　コレッリの作品5（1700年出版）は，ヴァイオリンを旋律楽器とし
た独奏ソナタ集である。独奏曲だけあってトリオ・ソナタ集と比べると
技巧的な要求は高い。この曲集のソナタの中でも特に名高いのは第12
番〈フォリア〉である。これは例外的に単一楽章からなるソナタで，当
時流行していたフォリアの主題に基づく変奏曲である（譜例9-2）。冒
頭で通奏低音が提示する主題が反復されることで統一性が，独奏声部が
様々な変奏を披露する点で対照性がともに確保されている。

譜例9-2　コレッリ作曲　ヴァイオリン・ソナタ　ニ短調
作品5-12〈フォリア〉冒頭

（2）組曲

　舞曲を連ねる習慣から生まれた組曲では，やがて4種の基本舞曲を中心にした，いわゆる古典組曲形式が重要となった。基本舞曲とはアルマンド，クーラント，サラバンド，ジーグの4舞曲である。ただし，他の任意の舞曲や前奏曲などの非舞曲が加えられることも多く，また時代が経つと基本舞曲を完備しない組曲も多くなる。同種の舞曲が多数連なって出現する組曲も多いが，これらはすべてが演奏されたとは限らず，アラカルト的に選択して任意に組み合わされた可能性が高い。このように，古典組曲という形式は比較的緩やかな枠組にとどまっている。

　こうした組曲は，リュートやギター，チェンバロやヴィオラ・ダ・ガンバ等の楽器のための独奏曲としてしばしば書かれた。フランスの音楽家達が得意とした器楽ジャンルだが，フランスでも活動した17世紀ドイツの音楽家フローベルガーJohann Jacob Froberger（1616-1667）の作品が模範となってドイツでも広まった。

　古典組曲は，舞曲の連なりという点で舞踏との接近を予想させる。しかし基本舞曲の一番手であるアルマンドなどは，17世紀に入ると舞踏としては早くも衰退している。このような踊りとして滅んだ舞曲が基本舞曲として連なっている点から，古典組曲が舞踏の流行とは距離を置いており，器楽の1ジャンルとして確立していたことが推測される。もっとも，実際に書かれた個々の舞曲において舞踏の影響が見られる可能性は残っているし，任意に組み込まれる舞曲については，同時代における舞踏の流行を反映している可能性がさらに高まる。

　古典組曲とは別に，当時流行したもう一種の組曲として序曲組曲が挙げられる。これは，フランスのオペラから派生した組曲である。第7章2で述べたように，フランスのオペラは荘重な序曲を持ち，さらに充実した舞踏場面では各種の舞曲が鳴り響いた。こうしたオペラに含まれる

器楽曲は人気を博しており，抜粋して器楽演奏される習慣が広まっていた。やがて，そのような様式で新たに器楽組曲を書く習慣も一般的になる。こうして生まれたオペラからの抜粋風の組曲は，冒頭楽章が序曲と呼ばれただけでなく，組曲全体も序曲と呼ばれることが多かった。ここでは区別のため，全体については序曲組曲と呼ぼう。

　序曲組曲は，オペラにおける舞踏場面のための舞曲やそれを模した舞曲が続くため，実際の舞踏との距離は概ね古典組曲よりも近い傾向にある。オペラの抜粋を前提とするジャンルだけあって，楽器編成としては管弦楽のために書かれることが多い（いわゆる管弦楽組曲）。ただし，そうした管弦楽的な響きを意識しつつも，何らかの特定楽器のための独奏曲として書かれることもしばしば行われた。

（3）協奏曲

　ソナタ，組曲と並んでバロック時代に成立した器楽ジャンルとして，協奏曲も重要である。協奏曲はイタリア語のコンチェルトconcertoの訳語であるが，そもそもコンチェルトは声楽分野にて広まった用語である。特に通奏低音上で声楽と器楽が競い合うような，響きの多彩な声楽曲に用いられることが多かった。やがてこの語は器楽に適用され，合奏協奏曲，独奏協奏曲，室内協奏曲，弦楽のための協奏曲などのジャンルを生み出した。ここでは前二者について述べる。

　合奏協奏曲（コンチェルト・グロッソ）は，トゥッティ，すなわち演奏者全員による総奏と，少数の独奏者達による室内楽的な合奏が交互に現れる器楽ジャンルである。この分野でもコレッリの楽曲が模範となった（死後の1714年に出版された作品6）。コレッリの作品では，通奏低音を伴う弦楽合奏によるトゥッティに対し，2つのヴァイオリンと通奏低音からなるトリオ・ソナタ編成の室内楽的な部分が挿入される（譜例

9-3）。両者の交代は頻繁に行われ，それによって音量や音色の対比が形成される。ただし，独奏声部においても技巧の追求はそれほど行われない。こうした合奏協奏曲はバロック時代に栄えたが，続く古典派には受け継がれなかった。

譜例9-3　コレッリ作曲　合奏協奏曲　ト短調　作品6-8から

　独奏協奏曲は，単独の独奏楽器と通奏低音からなるソロがトゥッティの間に度々挿入されて対照を形成する器楽ジャンルである。この分野では，ヴェネツィアで活躍したヴァイオリン奏者であるヴィヴァルディ Antonio Vivaldi（1678-1741）の楽曲が規範となった。独奏協奏曲は急速楽章－緩徐楽章－急速楽章の3楽章制で書かれることが多く，この楽章構成は古典派やロマン派の協奏曲にも受け継がれた。

　独奏協奏曲の重要な特徴として，両端楽章でリトルネッロ形式が用いられることが多いことが指摘される。リトルネッロ形式とは，協奏曲に

おける楽章形式であり，まず冒頭でトゥッティが主題（リトルネッロ）の全体を提示する。譜例9-4は，よく知られたヴィヴァルディの独奏協奏曲（作品3-6）の第1楽章の主題である。その後もトゥッティが現れるたびに主題が演奏されるのだが，2回目以降は主題全体ではなくその断片のみが，時には異なる調で演奏される。一方，トゥッティの合間に挟まれるソロでは，独奏楽器が技巧を誇示するかのように華麗な活躍を見せる。

譜例9-4　ヴィヴァルディ作曲　ヴァイオリン協奏曲　イ短調　作品3-6第1楽章の第1ヴァイオリン声部（第1〜12小節）

　リトルネッロ形式の楽章では，反復される主題によってトゥッティが統一される一方，その都度異なった形で主題が現れることで変化がつけられている。またトゥッティとソロの間に音響的にも機能的にも明確な対比がつけられている点が重要である。こうした明解な構成と技巧の楽しみが魅力となり，リトルネッロ形式を伴う独奏協奏曲は後期バロックにおける重要な器楽ジャンルとなった。

3. 各国の状況

（1） イタリアの器楽

　ここまではジャンルごとにバロック時代の器楽の状況を述べてきたが，最後に地域ごとの特徴についてもまとめておこう。

　イタリアは当時の器楽の先進国であり，ソナタや協奏曲といった器楽ジャンルがイタリアで生まれた。その際，最も重要な役割を果たした楽器はヴァイオリンであるが，他の様々な楽器についても充実した楽曲が書かれた。例えば，ヴィヴァルディの独奏協奏曲の中心はヴァイオリンのためのものだが，他にもチェロやフルート，ファゴットなど様々な楽器が彼によって協奏曲の独奏楽器として採用されている。

　イタリア器楽の重要な特徴として，任意の装飾の重視が挙げられる。これは楽譜に書かれていない装飾を演奏者が即興的に付け加えるものである。特に緩徐楽章において多用され，旋律を構成する音と音の間隙を埋めるかのように実施された。このような装飾が可能になるのは，通奏低音が和声の実質を供給してくれるからであり，その都度の和音に適合する範囲内で演奏者には大きな即興の自由が与えられていた。

　任意の装飾は，記譜されないものだけに実態は把握しづらいが，時に実践例が楽譜として残されることがある。譜例9-5は，当時出版されたコレッリの独奏ソナタの一例である。彼のソナタは複数回出版されたが，この出版譜では，ヴァイオリンのための旋律声部と通奏低音声部という本来の2声部に加え，旋律声部の演奏例が付記されている（譜例内の最上段の声部）。これは作曲者による装飾例という触れ込みで出版されたものだが，実際にコレッリ自身に由来するものであるとは考えにくい。しかし，当時の豊かな即興的発想の一例として注目すべきものである。

譜例9-5　コレッリ作曲　ヴァイオリン・ソナタ　ト短調
作品5-5　第1楽章から（ロジェ版）

（2）フランスの器楽

　フランスは，同時代における宮廷文化や舞踏文化の先進地域であっ
た。この国では，リュートやチェンバロ，ヴィオラ・ダ・ガンバやフ
ルートなどのための組曲が栄えた。フランスに限ったことではないが，
これらの楽器は，高度な技巧を操る職業的な演奏家だけでなく，王侯貴
族や富裕な市民など，幅広い層の人々によって愛奏された。
　イタリア音楽で重視された任意の装飾と対照的に，フランス音楽では
本質的な装飾が重んじられた。これは，独自の記号や小音符によって記
譜された装飾であり，ある音を豊かに彩るように配置された。楽器や音
楽家ごとに様々な記号が用いられたため，フランスで出版された器楽曲
集はしばしば装飾音記号を解説するための表を伴う。しかし微妙な装飾

実践のタイミングなどは記譜できるものではなく，演奏者の趣味に委ねられる部分も大きかった。

　譜例9-6 a は，チェンバロの名演奏家ダングルベール Jean-Henri d'Anglebert（1629-1691）が1689年に出版したチェンバロ曲集の装飾音表であり，上段に記号を，下段にその実践例を伴う。この曲集に収められた〈リュリ氏によるアルミードのパッサカイユ〉（譜例9-6 b）を見ると，こうした記号が全体に散りばめられていることが明らかである。なおこの曲は，元々はタイトルの通りリュリのオペラ作品《アルミード Armide》（1686年初演）に含まれる舞踏場面用の管弦楽曲で，ダングルベールによって序曲組曲の発想でチェンバロ独奏曲に編曲されている。パッサカイユ（イタリア語ではパッサカリア）は反復される低音主題に基づく変奏曲形式の舞曲で，この曲でもトーヘー変ホーニという主題が繰り返される中で多彩で対照的な変奏が展開される。

a：装飾音表（部分）

b：〈リュリ氏によるアルミードのパッサカイユ〉冒頭

譜例9-6　ダングルベール作曲《クラヴサン曲集》から
上段は当時のフランス式ト音記号で書かれており，第1線上がト音となる。一方，下段はヘ音記号で書かれているが，現代のものと異なりヘ音が第3線上となっている。

　バロック時代も後期になると，ソナタなどのイタリアの先進的な器楽ジャンルがフランスにも押し寄せる。フランス宮廷で活躍したチェンバロの名手F．クープランFrançois Couperin（1668‐1733）はイタリアの器楽，特にコレッリの楽曲に強く心惹かれた人物であり，自らもコレッリ風の器楽曲の創作を行った。譜例9‐7は，クープランが1725年に出版した《リュリ賛L'apothéose de Lully》の一部である。この曲では，2つの旋律声部がそれぞれフランス音楽を代表するリュリとイタリア音楽を代表するコレッリを表すものとされ，フランスとイタリアの音楽の融合が理念として掲げられている。

譜例9‐7　F．クープラン作曲《リュリ賛》から
第1声部（上段）は当時のフランス式ト音記号（第1線上がト音）で，第2声部（中段）は現代でも一般的なイタリア式ト音記号（第3線上がト音）で記譜されている。

（3）ドイツ語圏の器楽

　数多くの領邦国家に分かれ，三十年戦争（1618-1648）の打撃も大きかったドイツ語圏は，当時の音楽の先進地域であるイタリアとフランスの後を追う存在であった。そうした不利な状況下で両国に追いつくことを目指したドイツの音楽家は，しばしば混合趣味に活路を見出そうとした。これは，言うならばイタリア音楽とフランス音楽の折衷であり，「いいとこ取り」であった（第13章1（2）参照）。

　こうした手法で大きな成果を上げ，当時のドイツの音楽家の中で例外的ともいえるほどの国際的な名声を獲得したのがテレマン Georg Philipp Telemann（1681-1767）である。彼はイタリアやフランスの先進的な器楽様式を身に着けるだけでなく，それらを自在に操り，時に結合することで高い評価を得た。例えば，テレマンが得意とした管弦楽のための序曲組曲では，しばしば何らかの楽器が独奏的な活躍を見せる。ここに，フランスの序曲組曲とイタリアの協奏曲の見事な融合を見出せる。

4．バロック時代の器楽のまとめ

　これまで概観したように，バロック時代の器楽は声楽や舞踏との関りを強く持つ点でルネサンス時代の器楽の延長上にある。また，対比・対照や装飾性の重視といった性質も継続した。一方で，これらの性質を軸にする形で様々な器楽ジャンルが確立し，器楽曲自体の創作数が急増していった点は見逃せない。それゆえ，この時代の音楽に対して，諸芸術で用いられるバロックという時代様式を当てはめることはやはり妥当であるといえるだろう。

　また，バロック時代の器楽では，冒頭で提示された単一の主題や楽想を反復することで全体が形成される傾向がしばしば見られた。反復は統

一性を確保する契機になると同時に，その都度の変化を楽しんで対照を明瞭にすることにもつながる。これは声楽にも見られる手法で，こうした主題や楽想の単一性もバロック音楽の特徴として指摘できるだろう。

　バロック芸術の特徴である対照の強調や装飾の多用は，18世紀に入ってしばらく経つと，大げさで不自然なものとして若い世代の音楽家達から疎まれ，様々な形で批判されるようになる。次章ではその批判の実例を確認し，さらに古典派へと音楽様式が移り変わる様子について学ぶこととしよう。

参考文献

1．服部幸三『西洋音楽史　バロック』音楽之友社，2001年
2．礒山雅『バロック音楽　豊かなる生のドラマ』NHKブックス，1989年
3．アントニー・バートン編『バロック音楽　歴史的背景と演奏習慣』角倉一朗訳，音楽之友社，2011年

学習課題

1．18世紀に出版されたトリオ・ソナタを探し，コレッリからの影響がどのように表れているか考えてみなさい。
2．ヴィヴァルディの任意の独奏協奏曲でどのようにリトルネッロ形式が使われているか確認しなさい。
3．ドイツの音楽家の器楽曲で，イタリア音楽とフランス音楽の要素を融合させているものを探し，そのイタリア性やフランス性を説明しなさい。

10 | 啓蒙主義の広まりと古典派

赤塚健太郎

《**目標＆ポイント**》 バロックから古典派への移行という，18世紀に起きた音楽様式の大きな変化を理解する。また，音楽の変化と啓蒙主義の関係や，社会における音楽の位置づけの変化についても学ぶことで，音楽史の主要な担い手が宮廷・教会から市民へと移ったことを把握する。
《**キーワード**》 古典派，ホモフォニー，啓蒙主義，ソナタ形式

1. 一組の父子にみる音楽の変化

（1）シャイベによるバッハ批判

　18世紀に入ると音楽の流行は大きく移り変わり，結果としてバロック時代が幕を閉じて古典派と呼ばれる時代が訪れる。地域やジャンルによっても様式変遷の進行は異なるため，バロック時代の終焉がいつのことであるかは研究者により意見が食い違うが，遅くとも1730年代には新たな時代の訪れが明確に感じられるようになっていた。

　ここで，18世紀前半から半ばにかけての音楽の変化を，一組の音楽家親子に注目することで確認してみよう。一方はその名が広く知られたヨハン・ゼバスティアン・バッハ Johann Sebastian Bach（1685-1750）であり，他方はその末息子であるヨハン・クリスティアン・バッハ Johann Christian Bach（1735-1782）である。なお，父に対して「その名が広く知られた」と記したが，同時代においてより高名であったのは息子の方であった。

　父であるヨハン・ゼバスティアンは，中部ドイツで活躍した音楽家である。オペラこそ作曲しなかったものの，声楽では聖俗のカンタータや受難曲など，器楽ではイタリアの協奏曲やフランスの序曲組曲など，同時代の先端的な音楽ジャンルで多数の楽曲を残した。一方で，当時としては古めかしくなりつつあったポリフォニーの技法にも通暁し，古今の音楽様式を統合するような楽曲でも知られる。また，卓越した鍵盤楽器奏者であったバッハの音楽は，しばしば極めて高度な演奏技巧を要する。

　こうして生まれたバッハの楽曲は，同時代の音楽家から複雑であり難しすぎると批判を浴びた。中でもよく知られているのが，シャイベ Johann Adolph Scheibe（1708-1766）によるバッハ批判である。シャイベは理論書『批評的音楽家』の1737年の記事にて，演奏が技術的に困難であること，高度なポリフォニーが駆使されているために諸声部が入り組んでいること，本来演奏者に委ねるべき装飾まで細かに楽譜に書き記したことなどを理由に，バッハの音楽を「自然」に背くものと批判した。シャイベが挙げたバッハ楽曲の「ごてごてした」様子は，例えば譜例10-1に挙げたヴァイオリンのための無伴奏ソナタに確認できる。なお，シャイベによる1737年のバッハ批判の内容は，『バッハ叢書10 バッハ資料集』（角倉一朗・酒田健一訳，白水社，1983年，pp. 226-227）にて日本語訳を読むことができる。

154

a. 第1楽章冒頭

b. 第2楽章冒頭

譜例10-1　Ｊ．Ｓ．バッハ作曲　無伴奏ヴァイオリン・ソナタ
第1番　ト短調BWV1001から（旧バッハ全集版）

（2）ギャラント様式の音楽

　ヨハン・ゼバスティアンの末息子として生まれたヨハン・クリスティ
アンは，父の死後，高名な音楽家であった兄カール・フィリップ・エマ
ヌエル・バッハCarl Philipp Emanuel Bach（1714-1788）に引き取ら
れる。やがて音楽家となりミラノやロンドンで活躍したヨハン・クリス
ティアンは，国際的な知名度を獲得した。彼の楽曲に時として現れる
フーガは，まさにバッハ家の家風を感じさせるような高度なものであ
り，彼が複雑な多声書法を巧みに操る才能を持っていたことを裏付
ける。

　しかし，ヨハン・クリスティアンの楽曲の多くを特徴づけ，また同時代人たちから高く評価されたのは，むしろギャラント様式の楽曲である。ギャラントとは雅で洗練されている様を指す言葉で，18世紀には広い分野で肯定的な語として用いられた。その音楽的な実態は多様で把握しづらいが，概ねギャラント様式を次のように定義できる。

　まず，流麗で程よく装飾された，よく歌う旋律を持つことが重要である。この旋律は，多くの場合，最上声部に置かれる。また，他の声部は簡素に書かれ，全体として旋律を支えるような分かりやすい伴奏を提供する。以上の結果として明晰で洒脱な響きが得られる。こうしたギャラント様式の音楽は，18世紀半ばに大いに栄えた。近年ではこの時期を前古典派と呼び，古典派からは区別することが多い。

　ギャラント様式の特徴は，概ねホモフォニーの特徴と重なる。ホモフォニーとは，1つの声部が旋律を担当して主役となり，他の声部は和音を形成するような形で伴奏を行う音楽形態である。18世紀における音楽様式の変化の最も重要な点として，ホモフォニーが優勢になっていったことが指摘される。ゆえに，複雑で高度なポリフォニーを操ることのできたヨハン・クリスティアンも，敢えて簡素で分かりやすい音楽に徹し，父以上の名声を得たのである。

　一方，同時代人に批判されるほど複雑な音楽を残した父ヨハン・ゼバスティアンは，それ故に後世の音楽に多大な影響を与えることとなる。本書でも，その様子がこれ以降たびたび言及されるだろう。

2. 古典派音楽と社会

（1）啓蒙主義と音楽史

　前項で述べたような音楽の変化の背後にあったのは，17世紀末から18世紀に広まった啓蒙主義である。啓蒙enlightenmentとは暗闇を光で照らすことである。ここで言う暗闇とはこけおどしや迷信への囚われ，無知の比喩である。この暗闇を，光，つまり知識や理性の働きで排除しようとする思想が社会に広まり，自然で明晰なものが尊重される傾向が強まった。

　音楽的には，大げさな対比や過剰な装飾，込み入ったポリフォニーなどが暗闇に例えられる。そうした要素は自然に反するものとして否定されるのであり，こうした考えはまさにシャイベによるヨハン・ゼバスティアン・バッハ批判に明確に表れている。一方，啓蒙主義の風潮に即していたのがヨハン・クリスティアンの得意としたギャラントな書法である。

　啓蒙主義の広まりは絶対主義的な社会への批判につながり，市民社会の成長を促して世紀末における革命を準備した。音楽史もこうした動きと無縁ではなく，社会における音楽の位置づけや音楽家のあり方が大きく変化することになる。

（2）市民たちの音楽へ

　本書のこれまでの記述からも明らかであるが，18世紀までの楽譜に記されるような高度な音楽は，主として教会や宮廷のためのものであった。公開劇場で上演されたオペラなど一部の音楽は市民にも門戸が開かれていたものの，全体としてみると，音楽家は典礼や宮廷儀礼のため，あるいは王侯貴族や富裕層の楽しみのために奉仕する存在であった。

　しかし18世紀になると，大都市における公開演奏会の開催が盛んに
なるなど，音楽史において幅広い層の市民たちの存在が大きくなる。一
例として，ロンドンにおけるバッハ＝アーベル・コンサートが挙げられ
る。これはJ．C．バッハと，その友人でやはりドイツから渡ってきた
音楽家C．F．アーベルCarl Friedrich Abel（1723-1787）が開いた公
開演奏会のシリーズで，1765年から1781年まで開かれた。

　18世紀には楽譜出版もそれまで以上に盛んになり，市民たちの音楽
実践を促進した。自ら音楽を楽しむ愛好家たちは，音楽家から演奏や作
曲の手ほどきをこれまで以上に熱心に受けるようになる。こうして得ら
れる演奏会収入やレッスン収入，出版収入を支えとして，教会や宮廷に
縛られない自由な立場で活動する音楽家が増加していくこととなる。

（3）盛期古典派の音楽家たち

　前古典派の音楽を経て，古典派の音楽様式や音楽ジャンルが本格的に
円熟を迎えるのは1780年頃とされることが多い。これ以降の音楽はし
ばしば盛期古典派と呼ばれる。その音楽的な実態は次節以降で検討する
として，ここでは彼らの社会的なあり方について触れておこう。

　盛期古典派の代表的な音楽家として，ウィーンで活躍したJ．ハイド
ンJoseph Haydn（1732-1809），モーツァルトWolfgang Amadeus
Mozart（1756-1791），ベートーヴェンLudwig van Beethoven（1770-
1827）の3人が挙げられる。このうちハイドンはJ.C.バッハよりも早
く生まれた音楽家であり，いまだに活動期の大部分を宮廷音楽家として
過ごした。特に，ハンガリーの大貴族であるエスタハージ侯爵家で長く
楽長を務めたことで知られる。彼がウィーンに拠点を移してより自由に
活動できるようになったのは，侯爵家の代替わりによって職務が非常に
軽いものとなった1790年以後のことである。

　ザルツブルクに生まれたモーツァルトは，幼少期から類まれな楽才を示したことで知られる。やがてモーツァルトはザルツブルクの大司教に仕えるようになる。大司教はカトリックの聖職であるが，ザルツブルク大司教は神聖ローマ帝国の貴族でもあったので，この時期のモーツァルトは宮廷音楽家として活動したことになる。しかし大司教と衝突したモーツァルトは1781年に職を辞し，ウィーンに定住する。以後も宮廷における肩書を得ることはあったが，モーツァルトの後半生の創作活動は，基本的には自由な音楽家として行われることとなる。

　ボンに生まれたベートーヴェンは，生涯の大部分を自由な音楽家として過ごした。貴族のパトロンに経済的に支えられる面はあったものの，宮廷音楽家として宮仕えしたわけではない。偶然に左右された面もあるだろうが，三者の人生を比較すると，音楽家が宮廷や教会に仕える立場から市民たちに支えられる自由芸術家という立場へ移り変わっていく過程が浮かび上がってくる。

3. 古典派音楽の特徴

（1）ホモフォニーの優位

　本節では，古典派音楽の特徴を確認するためにモーツァルトのよく知られた《アイネ・クライネ・ナハトムジーク》ト長調 K525 から第1楽章を取り上げ，バロック音楽と比較した際の相違を確認しよう（譜例10-2 a）。

a．提示部冒頭 （第1～10小節）

第1ヴァイオリン

第2ヴァイオリン

ヴィオラ

チェロ／コントラバス

b．提示部 （第1ヴァイオリン声部、第28～39小節）

c．展開部冒頭 （第1ヴァイオリン声部、第56～70小節）

譜例10-2　モーツァルト作曲《アイネ・クライネ・ナハトムジーク》
ト長調 K525　第1楽章から

　声部の書法という点では，ホモフォニーが基本となっていることが明らかである。この曲は四声の弦楽合奏のために書かれているが，冒頭4小節にわたるユニゾンの後には第1ヴァイオリンが主旋律を歌い出し，それを他の声部が和音を形成する形で簡素に伴奏するという典型的なホモフォニーの書法が用いられている。

　バロック音楽からの比較という点では，低音声部の役割の変化が著しい。前章の譜例9-1に掲げたコレッリのトリオ・ソナタと比較してみよう。コレッリの楽曲では，通奏低音声部が概ねニ長調の音階をなす形で歩むことで音楽の基調をなし，即興的に加えられる和音や対旋律によって和声も確保される。通奏低音声部のみで音楽の骨格がほぼ成立しているのであり，2つの旋律声部はその枠内で進行していく。

　一方，モーツァルトの例では，第5小節以降しばらくの間チェロとコントラバスによる低音声部は連続してト音を刻んでいるだけであり，この声部のみから音楽の概要を読み取ることはできない。第1ヴァイオリンが歌う旋律と，全声部が織りなす和声が緊密に組み合わされて初めて音楽の実質が成立するのだ。

　通奏低音自体は古典派の時代になっても様々な場で用いられており，音楽の理論的な学習・理解の基盤でもあり続けた。しかしアンサンブルの最低声部として用いられる頻度は大きく下がり，《アイネ・クライネ・ナハトムジーク》第1楽章にみられるように，低音声部がそれ自体として担う情報量は大きく低下し，全声部の一体性がより重要になった。この点に，バロック音楽からの大きな変化を見出すことができる。

（2）楽節構成

　古典派の音楽では，2小節単位の規則的な楽節構成も明瞭となる。《アイネ・クライネ・ナハトムジーク》第1楽章の冒頭部も2小節ごと

に旋律が区切られ，さらに２小節の旋律が組み合わされてより大きな単位が形成されることも確認される。

　こうした規則的な楽節が，明晰で秩序だった音楽を構成するのである。逆に，規則的な楽節が確立してしまえば，それを敢えて崩すことで音楽に変化をつけることも容易になるだろう。

（３）ソナタ形式

　古典派の音楽において，特に多楽章からなる楽曲の冒頭楽章に高い頻度で用いられたのがソナタ形式である。呼称に「ソナタ」と付いてはいるが，ソナタ形式は何らかの楽器のためのソナタに限られることなく，ほとんどの器楽ジャンルに姿を現し，その影響は声楽曲にも及んだ。古典派音楽の最も重要な楽章形式であるソナタ形式の概要について，この形式で書かれた《アイネ・クライネ・ナハトムジーク》第１楽章を例に確認しよう。

　ソナタ形式は提示部，展開部，再現部の３部を主要な構成部分とする。最初の提示部では主題が示される。主題とは楽章形成の基本素材のことで，それ自体が充実した旋律であることが多い。この楽章では，第１小節・第５小節から，いずれも主調（楽章全体の中心となる調）であるト長調で主題が提示される（譜例10-2ａ）。一方，第28小節と第35小節からも新たな主題が提示されるが，これらはニ長調で現れる（譜例10-2ｂ）。ニ長調は主調であるト長調に対して属調（完全５度高い調）の関係にある。

　このように提示部では複数の主題が示され，しかも典型的なソナタ形式の楽章では，それらが主調の主題群と属調の主題群に分かれる。前者をまとめて第１主題，後者をまとめて第２主題と呼ぶことも一般的である。なお短調楽曲の第２主題では，属調ではなく平行調の主題群が現れ

ることが多く見られる。このように，提示部では複数の旋律が並び立ち，主調と属調，あるいは主調と平行調という調の差異による緊張が生じる。

この緊張がさらに高められるのが展開部である。展開部では，いくつかの主題やその変形，あるいは主題の断片などを組み合わせながら様々な調をめぐる。《アイネ・クライネ・ナハトムジーク》第1楽章の展開部では，まず楽章冒頭の主題が演奏されたのち，提示部第35小節から示された主題を反復しながら転調を繰り返していく（譜例10-2c）。

こうして高まった緊張が弛緩し，安定がもたらされるのが再現部である。再現部では主調であるト長調が回帰し，冒頭主題から順に改めて諸主題が演奏される（主題の再現）。この際，提示部では属調で現れた主題群も主調に移されて演奏される点が重要である。これにより主題間の調の相違に由来する緊張が解消し，安定性が得られる。

このようにソナタ形式の楽章では，主題の複数性と，主題間の調の相違が原動力となって音楽が劇的に進行する。これは，楽章冒頭で提示される単一の楽想や主題から全体が導き出されることが多かったバロック音楽との大きな相違点である。

4. 古典派の交響曲

（1） 交響曲の広まり

本節では，古典派時代における最も重要な管弦楽ジャンルである交響曲の概要について確認しよう。交響曲の起源としてしばしば挙げられるのが，バロック時代にイタリア・オペラの導入曲として用いられていたイタリア風序曲である。これは，急速部分－緩徐部分－急速部分という3部分からなる簡素な合奏曲で，弦楽合奏と通奏低音，そしてオーボエとホルンなどからなる小編成の管楽器群によって演奏されることが多

かった。

　やがてイタリア風序曲は，オペラから自立した演奏会用の器楽ジャンルとなって各地で演奏されるようになり，古典派の交響曲へと移り変わっていく。特にパリやロンドン，マンハイム，ウィーンなど，優れた音楽家が集まる地で充実した交響曲が書かれるようになった。こうした交響曲の変遷に立ち入る余裕はないが，最終的に確立した古典派交響曲の概要についてハイドンの作品を例に確認しよう。

（2）ハイドンの交響曲

　ハイドンによる初期の交響曲を見てみると，エスタハージ家の宮廷楽団の規模を踏まえたものが多く，身近な演奏者たちによる特定の演奏機会のための音楽という性格が感じられる。しかしハイドンの名声が高まるにつれ，他の優れたオーケストラから交響曲の注文が寄せられるようになり，また交響曲が作品として各地で出版されるようになる。その過程でハイドンの交響曲の様式が固まり，それがそのまま同時代の音楽家にとっての手本となって古典派の交響曲が成熟していった。

　初期のハイドンの交響曲は，イタリア風序曲に由来する急速楽章－緩徐楽章－急速楽章という３つの楽章で構成されたが，やがてそこに第３楽章（時には第２楽章）としてメヌエットが挿入されることで４楽章構成が一般的になった。第１楽章は原則としてソナタ形式をとり，最終楽章もソナタ形式で書かれることが多い。

　楽器編成も拡大し，弦楽合奏にそれぞれ２本ずつの木管４種（フルート，オーボエ，クラリネット，ファゴット）と金管２種（ホルン，トランペット），そして打楽器が加わる編成が多い。これはそのまま古典的なオーケストラ編成の確立につながっていく。

　そしてハイドンの交響曲の大部分は，タイトルを持たない絶対音楽と

して書かれている。それゆえに現代でも交響曲は通し番号と調によって
呼び分けられている。タイトル付きで呼ばれる作品も多いが，それらの
ほとんどは後に第三者によってつけられた俗称に過ぎない。

　以上の特徴は古典派の交響曲の広い範囲に共有されている。一方，特
にハイドンの交響曲の特徴として挙げられるのは，ソナタ形式の楽章に
おける単一主題的な手法の巧みさだ。前節で確認したようにソナタ形式
では複数の主題が用いられ，それらの間に調の相違が生じることが重要
である。しかし，ハイドンのソナタ形式楽章では，主題間の明確な区別
が見られず，同一の動機や発想をいわば複数化して効果的に用いる例が
頻出するのである。

　その顕著な例として交響曲第103番変ホ長調の最終楽章を挙げること
ができる。この楽章はロンド形式にソナタ形式を融合させたもので，冒
頭主題として譜例10-3の旋律が第1ヴァイオリンによって示される。
この際，背後では管楽器が伸びやかな和音を形成する。一方，第110小
節からチェロとコントラバスが提示する2つ目の主題も，譜例10-3の
旋律とほぼ同一である。結果として主題間の区別がつかないようにも思
われるが，2つ目の主題は属調で現れることで調の相違は確保されてお
り，背後でヴァイオリンとヴィオラが四分音符単位で和音を刻むこと
で，管楽器の和音を背景とする冒頭主題と対比がつけられている。結果
として，旋律としては単一の主題に見えながら，調と背景の相違から2
つの異なった主題としても受け取れる。ここに多様性と統一性の高度な
一致を見出すことができるだろう。こうした単一主題的な手法をハイド
ンは得意としたが，そこにバロック音楽の名残を聴き取ることもできる
だろう。

譜例10-3　J．ハイドン作曲　交響曲第103番　変ホ長調
第4楽章から　第1ヴァイオリン声部（第5～8小節）

（3）モーツァルトの交響曲

　モーツァルトは幼少期に訪れたロンドンでＪ.Ｃ.バッハと出会い，大きな影響を受けている。確かに初期のモーツァルトの交響曲は，Ｊ.Ｃ.バッハの音楽に見られるようなよく歌う旋律を，主題として豊富に散りばめる傾向を示す。

　しかし後期の交響曲では，ハイドンを思わせるような単一主題的な手法も用いられる（例えば交響曲第40番ト短調の第１楽章）。また彼の最後の交響曲であり，《ジュピター》という俗称で知られる第41番ハ長調では，最終楽章において複数の主題や重要な動機を示した後，それらがポリフォニーの手法によって組み合わされる。例えば，再現部の後に現れる終結部（一般にコーダと呼ばれる）では，譜例10-4に示したように複数の主題や動機が様々な声部に現れて同時に鳴り響く。これは主題と伴奏の役割を明確にするホモフォニーとは正反対の手法であり，バロック以前の音楽を思わせる。

　モーツァルトは，親交のあった貴族であるスヴィーテンGottfried van Swieten（1733-1803）の影響を受けて，当時あまり知られていなかったバロック音楽の研究に熱心に取り組み，Ｊ.Ｓ.バッハらの楽曲を独自に編曲するなどして多大な影響を受けている。その成果の現れを譜例10-4に見ることができるだろう。

　このように，盛期古典派の音楽はホモフォニーを基調としつつも，随所にバロック音楽の単一主題的な発想やポリフォニー技法を導入している。こうした点に，前時代からの連続性を読み取ることができるだろう。

166

P, S, Tは, それぞれ主要主題, 副主題, 経過的動機を指す。

譜例10-4　モーツァルト作曲　交響曲第41番　ハ長調　第4楽章から（グラウト・パリスカ『新西洋音楽史』中巻, 戸口幸策他訳, 音楽之友社, 1998年, p. 318より転載）

（4）古典派音楽の古典性

　本章では音楽史における古典派への移行を概観した。一般に古典とは，後世の手本となるような第一級の作品を指す。そのため，特定の地域や時代の趣味に偏することなく，簡潔明瞭で秩序や均衡を重んじ，また多様性と統一性の両面で充実していることなどが古典の条件とされることが多い。様々な芸術分野においては古代ギリシャ・ローマの作品が古典とされるが，古代の音楽を作品として直接に継承することがなかった音楽史では，18世紀後半，中でも盛期古典派の楽曲が古典としての地位を得ることになった。ギャラント様式の音楽に由来する簡潔さ・明晰さに加え，ソナタ形式の整った構成や，バロック音楽に由来するような単一主題的な手法，部分的なポリフォニーをも盛り込むことで，盛期古典派の音楽はまさに古典としての風格を備えていると言えるだろう。

　しかしバロック以前の音楽にも，それ自体として古典的といえるものは存在した。その例として，ルネサンス時代のパレストリーナやバロック時代のコレッリの音楽を挙げることができる。だが彼らの音楽は，社会の広い範囲で後世まで途絶えることなく演奏され続けることで，手本・規範としての地位を得るには至らなかった。

　一方，楽譜を通じた作品の流布が広まり，経済的にも出版の重要性が増した18世紀後半からは，楽譜として公にされた音楽を作品として演奏し続ける習慣が確立した。こうして18世紀後半以降の優れた楽曲は，現代に至るまで，世代を超えて古典として演奏されるようになった。演奏の伝統が後世まで広い範囲で継続しているという点も，古典派の音楽が古典と目される理由として挙げることができるだろう。また，古典として演奏され続ける楽曲が出現したことは，社会的には，作品を創造する作曲家と，他者が作曲した楽曲を演奏する演奏家との分業を進めることとなった。

　一方，バロック時代までの音楽家や楽曲は，一度は忘れ去られ，後に発見されるまで眠りにつくこととなる。その一例がヨハン・ゼバスティアン・バッハの楽曲の大部分である。また18世紀後半には人気が衰えてしまったリコーダーやヴィオラ・ダ・ガンバといった楽器も，いったんは音楽史の表舞台から退き，やがて古楽器として再発見されることとなる（第15章参照）。

　鍵盤音楽の分野では，バロック時代まで花形としての地位を誇っていたチェンバロが18世紀後半に衰退した。チェンバロは鍵の先についた爪が弦を振動させて発音する鍵盤楽器であるが，この発音機構には強弱表現の幅が限定されるという弱点があった。その改良に様々な楽器製作家が取り組んできたが，中でもフィレンツェの製作家クリストーフォリBartolomeo Cristofori（1655-1732）は，17世紀の末に，鍵の先に備え付けられた小さなハンマーが弦を打つことで発音する新たなタイプのチェンバロを発明することでより自由な強弱表現を可能とした。

　こうして生まれた新たな楽器は，18世紀を通じて徐々に従来型のチェンバロに取って代わり，構造を変化させながら現代に至るまで代表的な鍵盤楽器としての地位を保ち続けることになる。この楽器こそ，ピアノである。次章と次々章では，ピアノという楽器を通じて19世紀にかけての音楽の変遷を追っていく。

参考文献

1．久保田慶一『バッハの四兄弟』音楽之友社，2015 年
2．中野博詞『ハイドン　交響曲』春秋社，2002 年
3．橋本英二『バロックから初期古典派までの音楽の奏法』音楽之友社，2005 年

学習課題

1．　J．S．バッハの楽曲と，同時代の他の音楽家が作曲した同一ジャンルの楽曲について比較し，シャイベから批判されたような難しさがどこにあるか探してみなさい。
2．　任意の古典派の交響曲について，第1楽章でソナタ形式が使われているか楽譜で確認しなさい。
3．　本文で触れたようにハイドンの交響曲第103番第4楽章（譜例10-3）はロンド形式にソナタ形式を融合したものである。ロンド形式とはどのような形式か調べ，そこにソナタ形式を融合させるとはどういうことか，この楽章で確認しなさい。

11 | 古典派からロマン派へ：
鍵盤音楽を中心に

筒井はる香

《目標＆ポイント》 フランス革命後、文化の担い手が貴族階級から中産階級の市民に移る頃，使用される鍵盤楽器や好まれる音楽のジャンルに変化が現れた。18世紀後半まで広く使用されていた鍵盤楽器チェンバロやクラヴィコードと並んでピアノの普及が進み，古典派の音楽の中心をなしていたソナタの他，舞曲や行進曲などの小品や四手連弾のための作品が興隆を見せる。本章では，楽器という切り口で古典派からロマン派への変化を辿り，ソナタや四手連弾作品に新たな光をあてる。

《キーワード》 イギリス式ピアノ，ウィーン式ピアノ，ペダル，四手連弾

1. 18世紀後半から19世紀前半にかけての
ピアノ製作にみられる2つの様式

（1）18世紀後半から19世紀前半のピアノにみられる共通点

　クラリネットやホルンなど管楽器の場合，現在においても「フレンチ式」「ジャーマン式」など地域によって製作の様式が異なる場合がある。ピアノの場合も18世紀後半から19世紀後半にかけて主にイギリス式とウィーン式という異なる様式によって製作されていた。なお，本章ではピアノを表す用語について原著のタイトル等はそのまま使用し，本文では「ピアノ」とする。ベートーヴェンはウィーンに定住しながらも両方のピアノを使うことができ，「2. ベートーヴェンのピアノ・ソナタと楽器の変遷」で見るように彼の作品には各々の様式の特色が反映されてい

る。それぞれの特色をみる前に２つの様式に共通する点を確認しよう。①ピアノの形状には，グランド型と箱型のスクエア型とアップライト型の３種類があること。②楽器本体のフレームが木のみで作られていて，現代のピアノのように単一型鋳鉄フレームが採用されていないこと。③すべての弦が平行に張られていること（現代のピアノは低音域と中音域の弦が交差している）。これらのことは，当時のピアノの音量があまり大きくなく，家庭やサロンなど親密性の高い空間で，小編成のアンサンブルなどに使用される楽器であったことを表している。ピアノが広いコンサートホールで大勢の聴衆のために演奏されるのは，次章でみるようにロマン派以降のことである。以下，グランド型のピアノを中心にイギリス式とウィーン式の特色をみる。

（２）イギリス式

　現存する最古のイギリス式のグランド型ピアノは1772年にバッカース Americus Backers が製作したものである。形状は現代のピアノと似ており，その上，ダンパー・ペダルとシフト・ペダル（ハンマー全体をずらして３本弦のうち１本ないし２本の弦のみをハンマーで打つ。現代のグランド・ピアノの場合，弱音ペダルとも呼ばれる）が備わっている点も共通している。打弦機構には，クリストーフォリが発明したハンマーアクションに基づいてバッカースが完成させた「イギリス式アクション」が採用されている。打鍵すると，鍵の上に備えられたエスケープメント・ホッパーがハンマーの根元を突き上げる。ハンマーの柄はてこの原理によって回転運動をし，ハンマー・ヘッドが弦を打つ仕組みをもつ（図11-1）。このアクションは19世紀にパリで改良され，現代のピアノの原型となった。これらの点からイギリス式のグランド・ピアノは現代のピアノの祖先であるということができる。イギリス式アクショ

ンをもつピアノについてベートーヴェンと同時代の作曲家フンメル
Johann Nepomuk Hummel（1778-1837）は次のように表現する。

（引用11-1）音の持続性，豊かさの点では［ウィーン式ピアノと］同様に
その良さを認めなければならないだろう。だが，この楽器はウィーンの楽
器ほどには完成の域に達していない。タッチはかなり重く，鍵盤が非常に
深く沈むため，連打する時にはハンマーのエスケープメントがそれほど敏
速に作動してくれないからである。［中略］その代りに音の豊かなこの楽
器では，歌わせたり，音をつなげたり，独自の魅力と調和のとれた美しい
響きを得ることができる。(Hummel, *Ausführliche theoretisch-practische
Anweisung zum Piano-Forte-Spiel*, Tobias Haslinger, 1827, p. 454, 筒井訳)

　音の持続性が長いという特色は，楽器の本体構造と，弦の振動を止め
る止音装置（ダンパー）にその要因がある。18世紀後半から19世紀前
半のピアノの場合，響板の底に板が張られており，この底板がオルゴー
ルのように箱全体で響かせる役割をもっている。その響きを止めるのが
ダンパーの役割だが，弦の振動をしっかり止めるような造りになってい
ないため，鍵盤から指を離した後でもしばらく残響が残る（参考文献1,
pp. 152-153）。

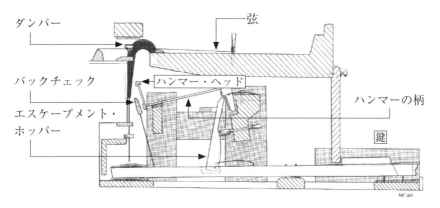

図11-1　イギリス式アクション（バッカース，1772年）
（参考文献7, p. 120）

（3）ウィーン式

　ウィーン式ピアノの基礎を作ったのは18世紀を代表する鍵盤楽器製作家シュタイン Johann Andreas Stein（1728-1792）であり，その成立は1778年頃から1783年頃のことであると考えられている。打鍵すると，カプセルとハンマーの柄が上がる。鍵の後端にあるビークがエスケープメント・レバーに引っ掛かって，ピンを軸にハンマーが回転運動をしてハンマー・ヘッドが弦を打つ仕組みをもつ（図11-2）。イギリス式の場合，ハンマーは奏者と反対を向いて設置されているのに対し，ウィーン式では奏者の方を向いている点が構造上の大きな違いの1つである。18世紀後半のウィーン式ピアノにはペダルの代わりに手動レバーや膝レバーが備わっていた。フンメルは次のように表現する。手動レバーは楽器内部に設置されており，これを操作することによってダンパーが弦から離れ，ダンパーペダルと同様の効果を得ることができる。膝レバーは鍵盤下部に設置されている（口絵1）。機能については本章3（2）で詳述する。

> （引用11-2）ウィーン式メカニズムは，どんなに柔らかい手でも容易に扱うことができる。それは演奏家に出来る限りのあらゆるニュアンスを与え，明瞭な発音で，敏感に音が鳴り，よく響くフルートのような音がする。とくに大きな会場では伴奏のオーケストラから［ピアノの音色が］見事に浮かび上がってくる。［中略］奏者はその特性に応じて楽器を取り扱うべきである。すなわち，腕のあらゆる重みを使って激しく鍵盤を突くことも，打つことも，重く鈍いタッチも許されない。音を強く出したい時は指の弾力だけで十分である。（Hummel, *Ausführliche theoretisch-practische Anweisung zum Piano-Forte-Spiel,* Tobias Haslinger, 1827, p. 454, 筒井訳）

　このようなイギリス式，ウィーン式ピアノの特色は2で見るようにベートーヴェンのソナタ作品に反映されていると考えられる。

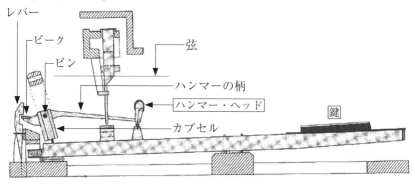

図11-2　ウィーン式アクション（J. A. シュタイン，1785年頃）
（参考文献7，p. 186）

2. ベートーヴェンのピアノ・ソナタと楽器の変遷

（1）第一期（1793〜1802年）：ウィーン式ピアノ

　第一期には第1番から第20番のソナタが含まれる。このうち第9番から11番を除き第14番《月光》までの作品の初版譜（1796〜1802年）の表紙に「Sonate pour le Clavecin ou Piano-Forte（Forte-Piano）クラヴサンまたはピアノフォルテ（フォルテピアノ）のためのソナタ」と記されていることから，18世紀後半における鍵盤楽器の使用状況の多様性さが窺える（なお第13番，第14番はイタリア語で表記）。つまり，16世紀から使用されてきたクラヴサンすなわちチェンバロの製作は，1790年代においてもまだ続いており，家庭や劇場から完全に姿を消したわけではなかった。一方で中産階級の市民の家庭を中心にピアノが普及し始めた時期でもあったのである。

　第1番のソナタにはすでに*ff*や*sf*等が記されているためベートーヴェンはピアノを想定して作曲したことが明らかであるが，チェンバロによ

る音楽語法が多分に残されていることも忘れてはならない。例えば第1
楽章の第1主題と第2主題は強弱の変化を用いずともアーティキュレー
ション（音と音をつなげたり，つなげなかったりする演奏法）を主体に
表情の変化をつけることが可能である。あるいは第17番第1楽章の主要
主題にみられるような，2つの音を1つの単位とするアーティキュレー
ションのつけ方は，バロックから古典派の音楽における基本的な考え方
を表している（譜例11‐1）。

譜例11‐1　ベートーヴェン作曲　ピアノ・ソナタ第17番第1楽章1‐6小節

　この作品を創作した当時ベートーヴェンの手元にあったのは5オク
ターヴ（下一点ヘ音（FF）から三点ヘ音（f³））の音域をもつウィーン
式ピアノ（口絵1）で，このことを踏まえるとウィーン式のピアノらし
い演奏指示を見出すこともできる。第17番第1楽章には提示部と展開部
の導入部分におけるアルペッジョ（第1～2小節，第93～99小節），およ
び再現部の導入部分におけるレチタティーヴォ風の旋律（第143～148
小節，第153～158小節）に "Ped." "O" と記されている。前者はペダルを
踏んでダンパーを弦から離して奏することを意味し，後者はペダルを上
げることを示す。これらの部分には踏みかえる指示が一度もなく，指示
通りに演奏すると複数の音が混じり合う。この「濁り」こそチェンバロ
では作り出せなかったピアノ独自の幻想的な効果であり，古典派からロ
マン派への変化の1つと捉えることができるだろう。

（2）第二期（1803～1814年）イギリス式ピアノ

　第二期にはピアノ・ソナタ第21番から第27番までの作品が含まれる。
この時期にベートーヴェンが所有したピアノは，高音部が7鍵増え，下
一点ヘ音（FF）から四点ハ音（c^4）の音域をもつ。これに伴い使用す
る音域も増えていく。例えば第26番《告別》第1楽章の第1主題には，
5オクターヴのピアノでは弾くことができない三点変ロ音（b^3）が含ま
れている。しかしこの時期において音域の拡大以上に創作に大きな影響
を与えたのはおそらく1803年にパリのピアノ製作家エラールSébastien
Érard（1752-1831）から贈られたイギリス式ピアノ（口絵2）の存在
であろう。この楽器は，まずイギリス式アクションを備えている点で
ウィーン式と異なる。この点をふまえて彼の作品を参照してみよう。例
えば第21番《ワルトシュタイン》と第23番《熱情》はエラールを受け
取った直後に作曲が着手され，イギリス式ピアノの特色が創作に与えた
影響を感じとることができる。例えばドイツの古楽奏者で音楽学者のス
コヴロネック Tilman Skowroneck が指摘するように，《ワルトシュタイ
ン》第1楽章の第45～49小節あるいは第3楽章第23～30小節のように，
複数の小節にまたがる息の長いスラーのついた旋律の作り方は，第一期
でみた2つの音を一単位とするアーティキュレーションと大きく異なる
（譜例11-2）。

**譜例11-2　ベートーヴェン作曲　ピアノ・ソナタ　第21番《ワルトシュタ
イン》第3楽章 23-30小節**

　あるいは第23番第1楽章において，初めは*pp*で現れるアルペジオ風の第一主題が2回目に現われる際に*ff*の強打による重厚な和音に変化する部分（第17〜18小節）は，第一期にみたチェンバロ的な語法から大きく離れ，音の持続が長く残響が残りやすいというイギリス式ピアノの特色を生かした表現である。

　もう一点，エラールのピアノが第一期においてベートーヴェンが使用できたウィーン式ピアノと大きく異なるのは足のつま先で操作するペダルを備えていたことである。これに伴いペダルの使用法に変化が現われる。上記でみたように第一期の作品においてベートーヴェンは数小節間ペダルを踏みかえないで演奏する指示をしたが，《ワルトシュタイン》以後，短い単位で踏みかえ，低音をペダルによって響かせておいて，離れた音域で新たな声部を演奏するという新しい使用法を開拓した（参考文献2，pp. 56-60）。

　このようにいくつかの例を挙げるだけで第二期の作品にイギリス式のエラールの影響がみられることが明らかである。ただし，補足しておかなければならないのは，ベートーヴェンのエラールへの関心は長く続かなかったということである。彼はその重いタッチに不満を抱き，数度にわたってウィーンのピアノ製作家に修理をさせたが，「私のフランス製のピアノはもはや使えない。事実，それは全く役に立たない」ものになってしまったのである。なお，第二期の作品におけるウィーン式ピアノの影響については参考文献6を参照されたい。

（3）第三期（1815〜1822年）イギリス式ピアノ，そして２つの様式の融合

　第三期にはピアノ・ソナタ第28番から第32番までの作品が含まれる。この時期のピアノはイギリス式，ウィーン式ともに音域が広がり，前者の低音部に５鍵追加され，下一点は音（CC）から五点ハ音（c⁵）までの６オクターヴが標準となり，後者の場合，高音部に５鍵追加され下一点ヘ音（FF）から四点ヘ音（f⁴）の６オクターヴが標準となった。これはあくまでも標準であって，ウィーンにはすでに下一点は音（CC）から四点ヘ音（f⁴）の６オクターヴ半の音域をもつピアノも存在していた。この時期にベートーヴェンが使用したのはウィーン式，そして1817年製のジョン・ブロードウッド＆サンズ社 John Broadwood & Sons のイギリス式ピアノである。第二期と異なり，どの作品をどの楽器で創作したのかを特定するのは容易ではないが，第29番《ハンマークラヴィーア》の作曲途中にブロードウッドが手元に届いたことが知られている（口絵3）。そこでここでは第29番におけるイギリス式ピアノの影響について検討する。ベートーヴェンが所有した楽器には次のような特色があった。

①２本のペダルのうち，ダンパー・ペダルは，中央で２つに分割されている。右半分を踏むと一点ハ音（c¹）から高音域のダンパーが上がり，左半分を踏むとロ音（h）から低音域のダンパーが上がる。両方同時に踏むと全音域のダンパーが上がる。

②もう一方のシフト・ペダルは，una corda（１本弦）から tre corde（3本弦）に至るまで段階的に鍵盤をずらすことができる。つまり，鍵盤部分の右端にある「つまみ」（上下に動く細長い木片）を上げると，鍵盤が右側にシフトされ，ハンマーは３本弦のうち１本のみを打つ。シフト・ペダルに関して，ベートーヴェンが懇意にしていたシュトライ

ヒャー社の6オクターヴ以上のウィーン式ピアノも una corda と due corde を弾き分けることができた（現代のグランド・ピアノにも②と同様の機能はついているが，3本弦のうち2本を打つので完全なウナ・コルダの状態にはならない）。

　以上の点を踏まえて作品をみると，例えば第3楽章の第69小節の“una corda”の指示の後，第76〜77小節にかけて“poco a poco due ed allora tutte le corde（少しずつ2本弦へ，そしてすべての弦で）”という指示は，ブロードウッドやウィーン式ピアノに備わっているシフト・ペダルを使用すれば，楽譜に記載のある通り1本弦から3本弦までを段階的に弾きわけることができたであろう。また第60小節では，*p* から *pp* へディミヌエンドした後，4拍目の“una corda”によってさらに音を弱くする指示がみられ，このような部分ではベートーヴェンの弱音に対する鋭敏な感覚が読み取れるのである。

　《ハンマークラヴィーア》にはウィーン式とイギリス式の両方の特性が混在していると思われる箇所もある。例えば第1楽章はウィーン式の音域内で創作されているが，4小節間の導入にみられる *ff* の重厚な和音は《熱情》と似たイギリス式ピアノに適した表現である。反対に第4楽章はイギリス式の音域の範囲内で書かれているが，第16小節から始まるフーガの対位法的な書法は減衰の早いウィーン式ピアノに適した様式ともいえる。これらの例が示唆しているのは何であろうか？　それはおそらくピアノの改良が進み，繊細さと音の豊かさ，アーティキュレーションの明瞭さとカンタービレなど，双方の様式の長所を備えたピアノが出現したことを示しているのだろう。

3. シューベルトの四手連弾作品

（1）ビーダーマイヤー期（1815 - 1848 年）

　ウィーン体制が始まった1815 年から1848 年までの約30 年間を，ウィーンを中心とするドイツ語圏ではビーダーマイヤー期と呼び，この間，市民による独自の生活様式が花開いた。政府によって市民の生活が監視され，新聞や書物などの印刷物や個人の手紙までもが検閲の対象となったことから，住居や家庭は，秘密警察による監視から逃れることができる唯一の空間となり，文化の中心として機能したのである。古典派においてはソナタが鍵盤音楽の主流なジャンルだったが，ビーダーマイヤー期においては，行進曲や舞曲（たとえばアングレーズ，ポロネーズ，エコセーズ，ワルツ，レントラーなど）などの小品がソナタに代わって流行した。ベートーヴェンの《バガテル》やシューベルトFranz Peter Schubert（1797-1828）の《楽興の時》などもここに属する。

　シューベルトの生前に出版された作品のジャンル（多い順に並べると歌曲，合唱曲，ピアノ独奏による舞曲，四手連弾作品，ピアノ・ソナタ，ミサ曲，室内楽曲）を見ると，大規模編成の作品よりも歌曲やピアノ作品など少人数で演奏できる家庭音楽向きのジャンルが好まれたという当時の状況が窺える。またシューベルト自身も，他のウィーン市民と同じように家庭音楽を享受した。「シューベルティアーデ」と呼ばれる集いでは，大勢の仲間が集まり，シューベルトの新曲を発表する場としても機能していた。シューベルティアーデに参加した音楽愛好家の一人，ハルトマンFranz von Hartmann（1808-1875）は日記においてその様子を鮮明に記録している。

（引用11-3）1826年12月15日。私は，とても盛大なシューベルティアーデが行われたシュパウン邸に行く。入っていくとフリッツには無礼に，ハースにはとても生意気に迎えられた。仲間はすごい面々であった。アルネート夫妻，ヴィッテツェック夫妻，クルツロック夫妻，ポンペ夫妻，宮廷と国家官庁の事務所員であるヴィッテツェック，女医のヴァッテロートとベティー・ヴァンデラー，画家のクーペルヴィーザーとその夫人，グリルパルツァー，ショーバー，シュヴィント，マイヤホーファーと家主のフーバ，長身のフーバ，デルフェル，パウエルンフェルト，ガーイ（シューベルトと見事に4手の連弾をした），30近くもの見事なリートを歌ったフォーグル，バロン・シュレヒタと他の宮廷事務所員や宮廷秘書がそこにいた。私が今日特に興奮した気分でいたためにほとんど涙も出んばかりに感動したのは，第5行進曲のトリオ〔注：《6つの大行進曲》D819のことか？〕で，この曲はいつも私の親愛なるやさしい母を思い出させる。音楽が終わった後で，豪華な食事をし，それから踊った。(Otto Erich Deutsch, *Schubert: A Documentary Biography*, Da Capo Press, 1977, pp. 571-572,筒井訳)

引用中にある「四手の連弾」はビーダーマイヤー期に好まれた演奏形態の１つであった。現代のように音楽を再生する装置がない時代において四手連弾は，モーツァルトやロッシーニなど当時人気のあった作曲家のオペラの序曲などの管弦楽作品を繰り返し聞くことができる唯一の手段であった。なおこの時シューベルトと連弾をしたガーイ Josef von Gahy（1793-1864）は，ハンガリー出身のヴァイオリニストおよびピアニストであると同時に宮廷書記官として活動していた。当時ウィーンの音楽文化を担っていたのはこのような中産階級のアマチュア音楽家たちであった。ハルトマンの日記から浮き彫りになるのは，当時の音楽作品は芸術音楽と実用音楽との間の線引きがそれほど厳密になされていたわけではなかったことである。現代において音楽作品は，"E-Musik（芸術音楽）"対"U-Musik（娯楽音楽）"，「真面目」対「遊び」といっ

た二項対立で語られることがあり，そこではしばしば芸術音楽の方が，娯楽のための音楽より高尚である，といった暗黙知がある。このような枠組みのなかにおいては，例えばベートーヴェンの「ソナタ」は前者で，シューベルトの「四手連弾作品」は後者と位置付けられる。しかし，市民の住居が「文化的な場」の中心となり，そこで新しい音楽作品が発表されていたという歴史事実を踏まえるならば，四手連弾作品が，単なる娯楽や遊びのための二流の作品であったと簡単に言い切ることはできない。

（2）ウィーン式ピアノにおける複数のペダル

　シューベルトが日常的に使用したピアノはウィーン式ピアノであった（参考文献4, p. 140）。これらには複数のペダルが備わっていた（口絵4）。作曲家シュタルケFriedrich Starke（1774-1835）は著書『ウィーンのピアノフォルテ教則本』（1819年）において，「最近のピアノには通常6本から7本（もしくはそれ以上）のツーク」が備えられていると証言している。ツークZugとは「引っ張るもの」という意味がありオルガンの場合，音色を変えるための音栓のことをさすが，ピアノの場合，膝レバーやペダルのことを意味する。以下の7種類のツークが主流であった。①ピアノ②フォルテ（現在のダンパー・ペダル）③フェアシーブング（現在のシフト・ペダル）④ファゴット⑤ピアニッシモ⑥ハープまたはリュート⑦ヤニチャーレン（イェニチェリ）である。

　このうちウィーン式ピアノに特有なツークとして④と⑦が挙げられる。しかしながらこれらの装置を使用する指示のある音楽作品は稀にしかない。その理由の1つには，表記法の問題があり，作曲家間で表記法が統一されなかったことが挙げられる。もし各々のツークに番号をふると，指使いの番号と混同される可能性が生じ，ツークの名称の頭文字を

記載すると p や f などは強弱記号と混同される懸念があった。また当時のピアノは受注生産によって製作されていたことから，必ずしも同じ条件でツークが備わっているとは限らなかったことも挙げられる。これらの理由から出版譜には基本的に従来からある2つのペダル，すなわちダンパー・ペダルとシフト・ペダルの表記しかみることができない。

　これらが実際にどのように使用されていたのか知るためにシュタルケの教則本を再び手掛かりにしよう。④「ファゴット」は文字通り，管楽器のファゴットの音色を模倣するための装置で，薄い紙をまるめたものが弦に直接あたるとリードが振動したような音がする。このペダルは低音部（下一点へ音（FF））から中音部（一点ト音（g^1））までの音域のみに作用するので，一点嬰ト音（gis^1）より高音部の音色は変化しない。シュタルケによれば，「バスのパッセージにおけるコミカルなスタッカート」でこれを使うと効果的であった。実際にこのペダルの指示が楽譜に記載された貴重な作品としてフンメルの《3つのアミューズメント》第1番が挙げられる。ここでは低音部においてスタッカートの付いた八分音符を"Pedale di fagotto"で弾くように指示がある。

　⑦「ヤニチャーレン」は18世紀後半からトルコの軍楽がウィーンで親しまれたことと関係があり（例えばモーツァルトのソナタK300iイ長調の第3楽章「トルコ風にAlla turca」，トルコを舞台にしたオペラ《後宮からの逃走》，そしてベートーヴェンの《トルコ行進曲》などは代表的な作品である），トルコの軍楽隊が所持していたティンパニなどの打楽器を模倣するために，シンバルやベルや太鼓が楽器に内蔵されていた。このペダルは軍隊行進曲において「適度に」使用することが推奨されていた。

　上記のように，他の楽器の音色を模倣するという発想はオルガンの延長線上にあり，それ自体否定されるものではない。それどころか音楽愛

好家の間で好まれ，1831年のウィーンを代表するピアノ会社，シュト
ライヒャー社の価格表によれば追加料金を支払えば「ヤニチャーレン」
を備え付けることができるほどだった。それにも拘わらずシューマンや
ツェルニーやフンメルらの音楽家から「時代遅れ」で「子ども騙し」の
「価値のないもの」とみなされ，1830年代後半以降は表舞台から姿を消
した。

（3）シューベルトの四手連弾作品にみられるウィーン式ピアノの要素

　（2）でみたように楽譜にペダル記号は記されていないが，シューベ
ルトの《軍隊行進曲》然り，《レントラー》や《ポロネーズ》然り，
ウィーン式ピアノの様々なペダルが効果的に使用されたと考えられる作
品もある。ここでは実践例として1826年に出版されたシューベルトの
《ハンガリー風ディヴェルティスマン》D818をみよう（譜例11-3）。
　この作品は，エスタハージ伯爵の二人の娘，マリーとカロリーネの家
庭教師としてシューベルトがジェリス（現在のスロバキア，ジェリエゾ
フツェ）に滞在していた時に多く書かれた連弾作品の一曲である。この
作品にはタイトルが示すように東欧の民族音楽の要素が多く含まれてい
る。例えば第1楽章の第73，77，78小節におけるトレモロの奏法や，第
80〜82小節における増2度音程（変ホ音と嬰ヘ音）を含む8連符の駆け
まわる音型などは，ハンガリーを中心とする東欧の民族楽器のツィンバ
ロムを想起させる。この部分をウィーン式ピアノによる演奏で聞いてみ
よう（参考CD1，トラック2）。注目したいのは，第74，75，76小節の
fz（フォルツァンド）および78小節のffz（フォルツァティッシモ）にお
いてヤニチャーレン・ペダルを効果的に使用し，大砲のような音を再現
していること，そしてトレモロの部分においては，奏者自身の独自のペ
ダルの配合によってツィンバロム風の音色が再現されている点である。
このように作曲時に使用された楽器の特色を知ることによって，楽譜と
いう媒体からだけでは見えてこない鳴り響く音響について新たに考える
ことができるのである。

譜例11−3　シューベルト作曲《ハンガリー風ディヴェルティスマン》D818
第1楽章 73−82小節

186

参考文献

1．岡田暁生監修『ピアノを弾く身体』，春秋社，2003 年
2．渡辺裕『音楽機械劇場』新書館，1997 年
3．渡邊順生『チェンバロ・フォルテピアノ』東京書籍，2000 年
4．伊東信宏編『ピアノはいつピアノになったか？』大阪大学出版会，2007 年
5．ウィリアム・ウェーバー『音楽と中産階級－演奏会の社会史』城戸朋子訳，りぶらりあ選書，法政大学出版局，1983 年
6．筒井はる香『フォルテピアノ── 19 世紀ウィーンの製作家と音楽家たち』，アルテスパブリッシング，2020 年
7．Michel Cole, *The Pianoforte in the Classical Era*, Clarendon Press, Oxford, 1998.

参考CD

1．山名敏之・山名朋子『シューベルト：フォルテピアノによる4手連弾作品全集第1巻エキゾティシズムと対位法』ALCD-9192, 9193, 2019 年

学習課題

1. 18 世紀後半のピアノがどのような美意識に支えられていたのかを現代のピアノと比較して説明しなさい。
2. フランス革命後，近代市民中心の文化が醸成されていく過程において西洋音楽のジャンルにどのような変化が生じたのかを述べなさい。
3. 作曲された当時の楽器の特色を考慮して作品を分析することの意義について述べなさい。

12 | ロマン派の鍵盤音楽

筒井はる香

《**目標＆ポイント**》　ロマン派の鍵盤音楽について学び，前章に続き，ピアノの発展と音楽作品との相互関係に焦点をあてる。19世紀は，音楽専用のホールにおける演奏会，批評活動などが本格的に始まり，近代的な音楽文化の基礎を作った時代であると同時に産業革命の影響を受けて楽器製作の現場においても技術革新が起こり，それを受けて新しい奏法が開発された。

《**キーワード**》　ロマン派，技術革新，ブリリアント，ダブル・エスケープメント・アクション

1．ロマン主義とは

（1）語源

　音楽史のなかで19世紀は，ロマン派またはロマン主義の時代と呼ばれる。ロマンとはどういう意味で，どうしてこの言葉が用いられるようになったのか。語源となる roman には，中世ロマン語（中世ヨーロッパ諸地域で用いられたラテン語方言の総称。ロマンス語とも言う）で書かれた物語という意味がある。ロマン語文学は，冒険や想像力を膨らませる伝奇的な物語を特徴としたことから，ロマン的という形容詞は「幻想的」，「冒険的」，「不可思議な」，「現実離れした」などを意味するようになった。ロマン主義という言葉が，思想や芸術の分野と結び付けて用いられるようになったのは，18世紀後半のことで，ドイツで起きた文学運動に端を発する（参考文献2，p. 229以下を参照のこと）。

（2）新しい主義

　1789年7月パリで起きたフランス革命を機に19世紀全体は，近代市民層が文化の担い手となり，思想，哲学，芸術などの精神世界が変容した。つまり市民たちの間に芽生えた自意識，自由な精神，独立心が，理性や客観や合理的な道徳を排して，感情や主観や内面性を尊重するようになった。例えばフリードリヒ・シュレーゲルは雑誌『アテネーウム』においてドイツ・ロマン主義文学に関して次のように記す。

　（引用12-1）詩的感情の本質はおそらく次の点にある。まったく自分自身の内面から感動を発し，何ものの仲立ちにも拠らずに心の昂揚を感じ，いかなる誘因もなしに想像の翼をはばたかせることができるということ。道徳的な敏感さは，詩的感情の完全なる欠如ときわめて見事に一致する。（フリードリヒ・シュレーゲル『アテネーウム断章』433, 参考文献3, p. 221）

　ヘルダー，シュレーゲル兄弟，ヴァッケンローダー，ティーク，E. T. A.ホフマンなどドイツ・ロマン主義の文学者たちに共通したのは，「明晰で可視的な世界」よりも「目に見えない世界」や「無限なるものへの憧憬」など神秘的で，超自然的なものを求める姿勢であった。このことは諸芸術のなかで音楽を最高位に位置づける態度へつながっていく。例えばヴァッケンローダーは小説『芸術を愛する一修道僧の真情の披歴』（1814年）において主人公ベルグリンゲルが音楽に陶酔する様子を描写しており，音楽が「喜悦と悲哀との不可思議な錯綜」を与えるため，それを聴く者は「微笑みたくもあり，啜り泣きたくもある」心境に陥るのだった。このような巧みな表現は音楽以外の芸術にはみられないとし，彼にとって音楽は「その言葉が定かならず，不可思議であればある程」，「一層我々に働きかけ，我々という存在のすべての力を，一層あまねくかきたてる」ものであったのである。

このように音楽を賛美する人物像は，E. T. A.ホフマンの小説『牡猫ムルの人生観』（1820年）のヨハネス・クライスラー楽長にも共通する。さらにホフマンは，批評『ベートーヴェン・第五交響曲』（1810年）において音楽のなかでもとりわけ言葉を必要としない器楽作品を芸術のうち「最もロマン的」で「唯一ロマン的」であると説いた。このようなドイツ・ロマン主義文学者の思想に最も強い影響を受けた作曲家がシューマン Robert Schumann（1810-1856）であった。《蝶々》，《クライスレリアーナ》，《幻想小曲集》などの標題のついたピアノ作品には文学作品との関わりが認められる。

（3）ロマン派の音楽

19世紀の音楽は，「個性の百花繚乱」ともいわれる程，個々の作曲家によって多種多様な傾向が認められるのだが，鍵盤音楽に限っていえば，以下のような特色を見出すことができよう。第一に，古典派において中心的なジャンルであった「ソナタ」はやや衰退し，ドイツ・ロマン主義文学に影響を受けた抒情的小品が好まれた。例えばメンデルスゾーンの《無言歌集》，シューマンの《子どもの情景》などが挙げられ，これらの作品には作曲者自身によって詩的な標題がつけられている。またシューマンは，あたかも文学者のように，情熱的で気性の荒い「フロレスタン」と内向的で夢見がちな「オイゼビウス」という架空の人物を自らの内に作り出し，彼らを《ダヴィッド同盟舞曲集》や《謝肉祭》などの作品に登場させ，音楽によって人物の描写をした。

第二に，19世紀前半に「ブリリアント brilliant（「華麗な」と訳出される）」と呼ばれる演奏様式が興隆した。《華麗なる大ワルツ》《華麗なるロンド》《華麗なる幻想曲》といったようにブリリアントという語が表題に使われた作品が多数出版された。

190

　この演奏様式が誕生した背景には，演奏の「場」や聴衆層が大きく関わっている。ツェルニーCarl Czerny（1791-1857）は，その著書『ピアノ演奏の基礎』（1839年）において，聴衆の前で話すときと，少人数の人を相手に話す場合とでは全く違う話し方をするのと同様に，ピアニストもまた場に応じて弾き方を変える必要があると説く。大ホールで演奏する際には，力強いタッチで音を際立たせ，最大限に早いテンポで完璧に弾いてこそ，聴衆に強い印象を与えることができるというのだ。さらにツェルニーは同書のなかで，リストらによって開拓された新しいピアノ奏法が楽器の発展と無関係ではないことを指摘している。

　（引用12-2）今日ひとつの新しい奏法が発展し始めています。これは先立つ時代のすべての奏法の総合と完成と呼ぶことができるでしょう。この奏法は主として，タールベルク，リスト，ショパンら若い芸術家によって代表され，その比類なき特徴は，新しいパッセージや困難の発明（それによる新しい効果），そして今日の完璧に仕上げられたフォルテピアノが提供してくれる，あらゆるメカニックな補助手段の最大限の利用にあります。この楽派は（以前の奏法がその当時に果たしたのと同じく）フォルテピアノ演奏の芸術に再び新しい飛躍をもたらしてくれることでしょう。（参考文献6，p.143）

　ピアノ作品において，困難な奏法が積極的に用いられたことは，当時の音楽批評においても言及されるようになり，時折，批判的に取り上げられもした。例えばドイツの詩人で音楽批評家のレルシュタープLudwig Rellstab（1799-1860）は自ら創刊した雑誌『音楽分野におけるイーリス』（1834年）において，ショパンの《三つのノクターン》op.15に関して次のように述べている。

（引用12-3）今のご時世，人は新奇なものに，あるいは困難なものにさえ，食指を動かす。ピアニストは誰も，別のピアニストがすでに解決した困難な課題に挑み，解決することを栄誉に思い，目標とする。（中略）ショパンの場合，新奇と困難という両方の面で演奏をそれなりの出来に仕上げるには，普通の倍の労力を傾注しなければならない。（参考文献6，p. 614）

以下，ピアノ奏法の発展と楽器の発展との関わりに焦点を当てて考察しよう。

2. 芸術と技術革新

（1）「文学及び芸術の技術的革命」

1928年，作家で文芸評論家の平林初之輔は，論文「文学及び芸術の技術的革命」のなかで芸術と工業技術の発展の関係について次のように述べた。

（引用12-4）映画芸術は，如何なる社会構成から決定されたものでもなくて，たゞ活動写真機の発明によりて生れたものである。しかも映画は既存の芸術に殆んど空前といつてもよい大衝撃を与へつゝある。それは，顕微鏡の発明が細菌学を生み，細菌学が，生物学や医学に大革命を与へたのと同じ関係であり，その重要さに於ても同じ程度である。この一例だけによつても，文学及び芸術を変化させるものは，経済的基盤の変化による上部構造，所詮イデオロギイの変化のみでなく，技師の手によつてつくられる機械が，直接に，芸術の様式，形態，品種に大変化を及ぼすものであることがわかる。だから，芸術及び文学の本質をきはめるためには，どうしてもこの方面の考察をも怠つてはならない。機械が芸術をかへる，若しくは，凡ての芸術が益々機械化されて来つゝあるなどといふ文句は，芸術が社会階級によつて決定されるといふ文句と同様若しくはそれ以上に，或る人々を戦慄させるかも知れない。だがかういふ人々のセンチメンタリズム

を尊重してゐては，地動説も，生物進化論も遂に生まれなかったであらう。
（平林初之輔『文芸評論全集』上巻，文泉堂書店，1975 年，p. 314）

　音楽の場合も例外ではない。印刷術と製紙業の発達が楽譜の出版を可能にし，それによって音楽作品が作曲家の手を離れ，不特定多数の人々に渡り，演奏・聴取されるようになった。録音技術の発展によって演奏会にでかけなくても家のなかで寝ころびながら，あるいは通勤電車のなかやジョギングしながら音楽を享受することができるようになった。楽器製作に目を向けると，19 世紀以前の管楽器は限られた調しか演奏できなかったが，バルブやピストンの発明によって，すべての調が演奏できるようになり，管弦楽法が開拓された。では，ピアノの場合はどうであろうか？

（2）ピアノの技術革新
　ピアノ製作史において 1820 年代から 30 年代にかけては黄金期とも呼べる時代で，重要な発明がいくつもなされた。興味深いのは，そのほとんどが，ショパンやリストが活躍したパリを中心に行われたことである。
（ｉ）金属の導入
　1690 年代後半にフィレンツェでピアノが発明されてからおよそ 130 年間，そのフレームは木材のみによって作られていたが，1820 年代に鉄の支柱が導入された。「木には魂が宿っているのに対して鉄は冷たく死んでいる」など金属の導入に否定的だった製作家もいたが，前章でみたようにピアノの音域は数十年の間に 1 オクターヴ以上増え，弦数や弦径が増えた結果，総張力が増し，木のフレームを鉄で補強することは不可避であった（参考文献 7，p. 220 を参照のこと）。最も早い段階で鉄

の導入に踏み切ったのは，産業革命の影響で製鉄業が発達したロンドンのメーカー，ジョン・ブロードウッド＆サンズ社であった。図12-1はブロードウッド社が1827年に鉄のフレームで特許を取得した際の図面を示す。このうち，垂直に張られた四本の支柱，およびS字型曲線部分に鉄が使用されている。

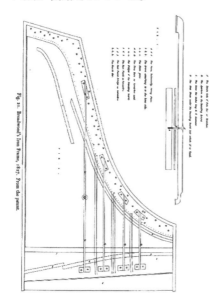

図12-1　ブロードウッド社が1827年に鉄のフレームで特許を取得した際の図面
（Rosamond E. M. Harding, *The Piano-Forte*, Cambridge University Press, 1933, p. 201 より転載）

　金属は，本体構造を補強する目的だけでなく音質にも影響を与えた。パリの製作家ピエール・エラールが1838年に特許を取得したハーモニクス・バーは，中音域（f¹）から高音域にかけてチューニング・ピンに沿って備え付けられた真鍮製の支柱で，これによって強い打鍵によって弦が駒から外れ，調律が狂いやすいという欠点を克服すると同時に，高音域において輝かしい音質を獲得したのである。このように耐久性と豊かな音を備えたエラールのピアノは1851年に開催されたロンドン万国

博覧会において金メダルを獲得している。本章3（1）でみるようにエ
ラールのピアノはリストの創作に多かれ少なかれ影響を与えた。

(ii) ダブル・エスケープメント・アクションの発明

　ピアノに音量の増大が求められ，ハンマーのサイズと重量も増え，鍵
が深く沈むようになった結果，演奏者側のタッチが重く，同音連打が弾
きにくいという問題が生じた。この欠点を補うために様々な製作家が打
弦機構の改良を試み，そのうち最も成功し，なおかつ広く普及したのが
エラールによるダブル・エスケープメント・アクションである（図
12-2）。

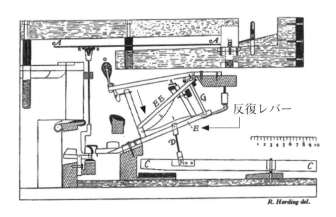

反復レバー

図12-2　1833年頃のダブル・エスケープメント・アクション
〔AA＝弦，CC＝鍵，D＝ウィペン，EおよびEE＝反復レバー，G＝エスケー
プメント・ホッパー，O＝ハンマー・ヘッド〕（Rosamond E. M. Harding,
The Piano-Forte, Cambridge University Press, 1933, p. 160より転載）

　打鍵すると，ウィペン（D）を介してエスケープメント・ホッパー
（G）がハンマーの根元を突き上げる。ハンマーの柄はてこの原理によっ
て回転運動をし，ハンマー・ヘッド（O）が弦（AA）を打つ。従来の

イギリス式アクション（前章の図11-1）との大きな違いは，反復レバー（E, EE）が追加された点にある。

　これは主に打弦後のハンマーの動きに影響する。イギリス式アクションの場合，打弦後，ハンマーは下方へ向かい，再打弦しないようバックチェックに受け止められ，元の位置に戻る。これに対してダブル・エスケープメント・アクションの場合，打弦後，ハンマーは下方へ向かう途中でその根元が反復レバーに支えられることによって一定の高さに保たれる。この状態，すなわち，ハンマーが元の位置に完全に戻っていない状態でも次の打鍵に備えることができるのが，このアクションの特色である。これにより連打をより早く弾くことができるようになった。

　なお，エラールがこの発明によって最初に特許を取得したのは1808年であるが，この時はまだ耐久性に欠けていた。1821年に改良された時もなお音質に問題があった。この時，エラールのピアノを試奏した作曲家兼ピアニストのモシェレスIgnaz Moscheles（1794-1870）は日記に次のように記している。

　（引用12-5）それは鍵に関するもので半分だけ沈み，再び持ち上がって音を反復することができる。私はこのような新しいピアノを弾くのは初めてで，音の反復にとっては極めて貴重な価値があると思う。だが音の豊かさや柔らかさについてはまだいくらか課題がある。私はこの問題についてエラールとよく話し合った。（Harding, *The Piano-Forte*, p. 159より孫引用，筒井訳）

　ダブル・エスケープメント・アクションが完成した時期は1830年代前半と考えられる。1830年代に1つの完成を見せた後，このアクションは他の国々において広く普及した。現代のピアノに備わっているのもエラールのアクションを改良したものである。

　ところで，なぜ鍵盤楽器の演奏において「同音連打」が大切なのか。
バロック時代から同音連打を使用した作品がある。例えばスカルラッ
ティのソナタK.96（L.465）は同音反復音を使用した技巧的なチェンバ
ロの作品である。あるいはラモーの《第5組曲》に含まれる「めんどり」
では同音連打によって鶏の鳴き声を模倣している。19世紀の音楽にお
いてもいくつか例を挙げることができる。シューベルトの歌曲《魔王》
のようにオクターヴの連打によって馬が夜の森を疾走する情景が音で描
かれている。このように鍵盤音楽の歴史において同音連打は，奏者の
ヴィルトゥオーソ性を誇示したり，自然音を描写する際に必要な表現手
段であり続けているのである。

(iii) 打弦素材の変化

　ピアノの音質はハンマー・ヘッドの材質によってほぼ決まる。現代の
ピアノでは高密度の硬いフェルトで覆われているが，1780年代から
1820年代頃までのハンマー・ヘッドは一般的に鹿や羊の皮を鞣した革
で覆われていた。1820年代以降については少なくとも2つの傾向が認
められる。1つはフランスとイギリスを中心に，従来の革に加えてフェ
ルトを導入する傾向である。もう1つはオーストリアとドイツを中心
に，従来通り革のみを使用する傾向である。

　19世紀に入り，革に代わる新しい素材を求めて様々な試みが行われ
た。このうちピアノ史に残る重要な発明が，1826年パリのピアノ製作
家パープJean-Henri Papeによるフェルトのハンマー・ヘッドである。
ただし，調律師のモンタルClaude Montalは，著書『ピアノ調律法』
（1836年）において当時のピアノに「黄色い鹿革あるいはフェルト」が
使用されていたと述べていたことから，革とフェルトの両方が共存して
いたことが分かる。さらに近年の研究調査によって，この時期には革と
フェルトが多層的に巻かれていることが明らかになった。（参考文献9，

p. 236を参照のこと）。

　革に代わってなぜフェルトのハンマー・ヘッドが発明されたのか。これについては様々な要因が考えられる。まず，皮を調達するのが困難になった。モンタルによれば，鹿革の方が耐久性に優れているが「良質な皮を見つけるのに苦労」していた。良質の皮を見つけることが困難なのはパリに限ったことではなかった。ヘッセンのピアノ製作家ゴンタースハウゼン Heinrich Welker von Gontershausen は1855年にハンマー・ヘッドのために鞣された20〜30枚の皮のうち，実際に使用できるのはわずか3枚しかないと報告している。また，フェルトの方が均一な音質を得ることができるようになった。素材の変化を同時代の人々はどのように受け止めていたのか。ゴンタースハウゼンは次のように表現する。

　（引用12-6）フェルトのハンマー・ヘッドの場合，厚みのある包み込むようなヴェルディ風のピアノの音 der dicke gedeckte Verdische Clavierton は――これはイギリスとフランスで流行している――を容易に出すことができる。一方，よい革の場合，明るい響き，鮮烈な音色の柔らかいウィーン風のピアノの音 Wiener Clavierton を容易に出すことができる。(Heinrich Welcker von Gontershausen, *Neu eröffnetes Magazin*, Susanne Witmayer, *"Hammerkopfleder"*, *Instruments à claviers, expressivité et flexibilité sonore*, Peter Lang, 2004, S. 181 より孫引用，筒井訳)

つまりフェルトの導入によって音の均一性を獲得し，厚みのある和音や「歌う」表現に適した近代的なピアノが誕生したのである。

3.　音楽への影響

（1）リスト―《ラ・カンパネラ》

　リスト Franz Liszt（1811-1886）は1824年パリでのデビューコン

サートの際，エラール社が特別に開発した7オクターヴのピアノを使用して以来，同社のショールームで定期的に演奏したり，演奏会においても同社の楽器を使用するなど信頼を寄せていた。国際的なピアニストとして活躍したリストは各地で様々なメーカーのピアノを演奏したが，彼のピアノ演奏およびピアノ作品が，多かれ少なかれダブル・エスケープメント・アクションを備えたピアノによって支えられていたといっても過言ではないだろう。

リストの代表作品《ラ・カンパネラ（鐘）》は，パガニーニNiccolò Paganini（1782-1840）のヴァイオリン協奏曲第2番第3楽章のロンドの主題に基づいて作曲されたものである。リストはこの主題を使って少なくとも3つの作品を作曲したことが知られている。作曲年順に並べると①《パガニーニの「ラ・カンパネラ」による華麗な大幻想曲》（1831～32年），②《パガニーニによる超絶技巧練習曲》第3番（1838年），③《パガニーニ大練習曲集》第3番（1851年）である。このうち①は自由な幻想曲であるが，②および③はパガニーニの原曲と同じロンド形式で書かれている。

これら3作品の使用音域を比較すると，①と②は6オクターヴ半の範囲内で書かれているのに対し，③はそれ以上の広がりが認められる。このことから①と②は1830年代の標準であった6オクターヴ半（下一点は音（CC）から四点ヘ音（f^4））の音域をもつピアノで，③はおそらく7オクターヴ（下二点い音（AAA）から四点イ音（a^4））のピアノで作曲されたことが推測できる。

①～③の共通点としては，いずれもダブル・エスケープメント・アクションの発明後の作品で，同音連打が多用されていることが挙げられる。このうち最も多く使用されているのは②で，16分音符または32分音符で3音以上連続した同音連打の数は83箇所ある（同音連打が2小節

以上持続する場合，1小節を1とカウントした）。③ではなぜか40回に激減する。

　しかし③においては，同音連打の他に高音部における表現の豊かさが認められる。主題に注目すると，②は，パガニーニによるヴァイオリンの主題を忠実にピアノに置き換えた前打音を含む八分音符主題である。これに対し，③は元の主題に，高音部の四点嬰ニ音（dis⁴）による同音連打が加わっているだけでなく，主題が再現するごとに高音部を効果的に使って変奏されている。とりわけ，第114小節からクレッシェンドをしてオクターヴ連打で主題が奏されるブリリアントな部分は本章2（2）でみたようなピアノの技術革新がなければ実現しなかっただろう（譜例12-1）。

譜例12-1　リスト作曲《パガニーニ大練習曲集》第3番「ラ・カンパネラ」（1851年）114-121小節

（２）ショパン—夜想曲，ピアノ・ソナタ第3番op.58

　音楽学者エーゲルディンゲルJean-Jacques Eigeldingerが「ショパン
にとって歌は音楽の出発点であり，究極の目標であった」と述べたよう
に，ショパンFrédéric Chopin（1810-1849）のピアノ作品にとって歌
が最も大切な要素であることについて異を唱える人は少ないだろう。声
楽を模範にして器楽作品を作曲すること自体は，17，18世紀の音楽理
論においても言及されているが，ショパンの場合，19世紀パリで大流
行したイタリア・オペラにおけるベル・カント唱法の影響を受けている
点が独創的である。

　ショパンの代表作品に「夜想曲（ノクターン）」がある。これは，ア
イルランドの作曲家兼ピアニストだったフィールドJohn Field（1782-
1837）が創始したピアノ独奏曲のためのジャンルで，左手の分散和音に
よる伴奏と歌のような息の長い旋律によって構成される抒情的な性格を
特色とする。それゆえこの様式は「オペラのハイライトにあたるアリア
の場面の器楽による再現」（前章の参考文献4，p. 154）とも表現される。

　夜想曲第8番op. 27-2の冒頭の単旋律による主題がオペラのアリアで
あるとすれば，第8小節の三点変ト音（ges^3）から二点ハ音（c^2）へ跳
躍する途中にある6つの小さい音符は，歌唱において“portar la voce
（声を運ぶ）”と呼ばれる即興的装飾音の役割をしていると言えるだろ
う。あるいはピアニストで音楽学者ローゼンCharles Rosenが示唆した
ように，第10小節から始まるespressivoの2声による旋律がオペラにお
ける二重唱の役割を果たしていると解釈することもできる（参考文献8，
p. 351）。

　ローゼンによれば，ショパンの作曲様式の本質は，上に述べたような
イタリア・オペラに基づく歌唱的な旋律と，J. S. バッハに由来する対
位法，すなわちポリフォニーとの融合にあるという。これらが融合され

た例としてピアノ・ソナタ第3番op. 58第3楽章をみてみよう。冒頭部分では第5小節から第12小節までのカンタービレの単旋律や17小節の二声の旋律がイタリア・オペラの様式であるとすれば，続くソステヌートの部分（第29小節）からは対位法的な書法である（譜例12-2）。

譜例12-2　ショパン作曲　ピアノ・ソナタ第3番第3楽章29-34小節

　右手のパートに着目すると，ショパンはこの部分を3声部，すなわち①二分音符による声部，②付点四分音符と四分音符による声部，③八分音符6つによる声部に分けて書いている。さらにこの部分には，第29〜31小節における左手の旋律（ろ音（H）－嬰ト音（gis）－嬰ヘ音（fis）－ホ音（e））が含まれているため，両手で演奏するとさらに豊かなポリフォニーの音楽として鳴り響く。

　イタリア・オペラとポリフォニーが融合されたショパンの作曲様式は，本章2(2)(i)および(iii)でみた19世紀パリのピアノの特色と重なり合う。ショパンは1832年にプレイエル・ホールでパリ・デビューして以来，生涯プレイエルのピアノを愛用したことで知られる。プレイエル社は1827年に鉄の支柱を導入したことによって豊かな音質を獲得した。

その一方で，打弦素材の一部にはまだ革が使用されていたことから明瞭な発音も保持していた。

　これに対して現代のピアノの打弦素材は，革の部分がなくなり，すべてフェルトで覆われている。その結果，音質がより均一化され，複数の声部を弾き分けることが容易でなくなった。それでは，譜例12-2の右手の部分に注目して，フェルトのハンマーを備えた現代のピアノと，革とフェルトの両方をハンマーに備えた19世紀のピアノ（1846年プレイエル社のピアノ）による演奏を比較してみよう（参考CD１トラック7および参考CD２トラック3）。前者では，右手の１拍目と４拍目の二分音符の外声部のみが強調され，それ以外の音はなめらかに，控えめに演奏されているのに対し，後者では，楽譜に記された通り，３声によるポリフォニーが明瞭に弾き分けられていることが聞き取れるであろう。

（3）シューマン─内声の音楽

　シューマンがピアノ作品を集中的に出版した1830年代に日常的に使用した楽器はもっぱらウィーン式ピアノであった。シューマンの伝記のなかで彼がイギリス式ピアノを使用したという記述は見当たらない。この点においてリストやショパンと決定的に異なる。1830年代のウィーン式ピアノのフレームには鉄の支柱がまだ導入されていないので張力が低く，音の減衰が早い。またハンマー・ヘッドは革である。このような特色をもつ1830年代のウィーン式ピアノは，「分厚い和音のテクスチュアによる表現よりも，対位法的書法の作品により適し」ている。（前章の参考文献8, p. 5）。

　シューマンの音楽には，リストやショパンのような同音連打を含む早い走句も，高音域における強打も，オペラのアリアのような情熱的な息の長い旋律もほとんど見当たらない。彼の書法の中核にあるのは，豊かな内声部である。内声とは本来，主旋律に対して従属的な機能をもつ声部であるが，シューマンの場合，内声の方が圧倒的に主役に聞こえる場合がある。例えば《ダヴィット同盟舞曲集》op. 6 第2巻第5曲「やさし

く歌うように」,《幻想小曲集》op. 12「夕べに」「飛翔」「夜に」,《アラベスク》op. 18,《フモレスケ》op. 20 第1曲「素朴に」,《3つのロマンス》op. 28 第1曲,《暁の歌》op. 133 第4曲「活発に」など枚挙に暇がない。

　また，内声部がポリフォニックに記されている場合もある。例えば《ダヴィッド同盟舞曲集》op. 6 第1巻第2曲「内的に」では，少なくとも3つの内声（二分音符による声部，八分音符6つによる声部，そこから派生した付点四分音符による声部）が精緻に描かれている。あるいは,《クライスレリアーナ》op. 16 第2曲の「インテルメッツォⅡ」に続く「より遅く」（第119小節から第134小節）においては，複雑な対位法が使用され，メロディラインが次々と移り変わる。これらの対位法的な書法は，ウィーン式ピアノによってより自然に描き出すことができるのである。

　ピアノは，鍵盤を押すと音が鳴る仕組の楽器であるという点においては，古典派もロマン派も現代も同じといえるが，第11章および第12章でみたように，人々がピアノに求めたものは時代や地域によって異なり，それぞれが独自の美意識にもとづいて作られていたのであり，またそれを使って生まれた音楽にも，文化または地域性が反映されていたのである。

参考文献

1. ニューグローヴ世界音楽大事典，講談社,「ロマン派」の項目
2. 当津武彦編『美の変貌　西洋美学史への展望』，世界思想社，1988 年
3. 『ドイツ・ロマン派全集』第12巻『シュレーゲル兄弟』，平野嘉彦，山本定祐，松田隆之，薗田宗人 訳，国書刊行会，1990 年

4．Z. ヘルマン，Z. スコヴロン，H. ヴルブレフスカ＝ストラウス編『ショパン全書簡1831〜1835年　パリ時代（上）』関口時正，重川真紀，平岩理絵，西田諭子，木原槙子 訳，岩波書店，2019年
5．椎名亮輔編著，三島郁，筒井はる香，福島睦美著，『音楽を考える人のための基本文献34』アルテスパブリッシング，2017年
6．ツェルニー『ピアノ演奏の基礎』岡田暁生訳，春秋社，2010年
7．西原稔『ピアノの誕生　増補版』青弓社，2013年
8．Charles Rosen, *The Romantic Generation,* Harvard University Press, 1998.
9．Christopher Clarke, "Fortepiano Hammers; A Field Report", in: *Instruments à claviers, expressivité et flexibilité sonore,* Peter Lang, 2004, pp. 225-257.

参考CD
1．Vladimir Ashkenazy, *Chopin: Piano Sonatas 2 & 3, Fantasie,* London. FOOL-23082
2．Makoto Ueno, *Chopin: Two Pianos Sonatas played on Pleyel 1846 & Erard 1852,* TRITON, OVCT-00101, 2013.
3．『愛の夢，リスト・ピアノ名曲集』ボレット，LONDON POCL-5101

学習課題

1. ロマン派の音楽について，ドイツ・ロマン主義文学の影響やその他の社会的，文化的背景を交えて述べなさい。
2. 19世紀のピアノがどのような点で古典派のピアノと異なるかを説明しなさい。
3. ロマン派の鍵盤作品において楽器の技術革新が音楽の表現に与えた影響について具体的な作品を挙げて述べなさい。

13 | 19世紀ドイツ： 「音楽の国」の成立から分裂まで

吉田寛

《**目標＆ポイント**》 19世紀ドイツ音楽史の展開を，ナショナリズムの勃興や国民国家の成立といった同時代の社会的変化との関わりにおいて理解する。また，交響曲や総合芸術作品というジャンルがその中で果たした役割を把握し，各ジャンルがどのような芸術理論や美学思想と結び付いていたかを理解する。

《**キーワード**》 交響曲，絶対音楽，総合芸術作品，ナショナリズム

1. 「音楽の国ドイツ」の誕生 ──ベートーヴェンの国民的英雄化

（1）ナショナリズムの隆盛と音楽

　ナポレオン戦争とともに幕を開けた19世紀は，ヨーロッパの各地でナショナリズムが台頭し，政治的かつ民族的単位として今日まで続く「国民国家（ネイション・ステイト）」の枠組みが形成された時代であった。これに伴い，政治や経済ばかりでなく，文化や芸術の分野でもナショナル・アイデンティティ（国民意識）が新たに再構築され，強化された。音楽もその例外ではなかった。

　だが当時は「ドイツ」という国家はまだ存在していなかった。ナポレオン戦争終結後のウィーン会議の結果，1815年に発足した「ドイツ連邦」はオーストリア帝国を盟主とする，39の諸邦国の連合体であった。その後，普墺戦争（1866年）の結果，ドイツ連邦は解体し，1867年に

プロイセン王国を盟主とする「北ドイツ連邦」が発足する。この北ド
イツ連邦が南ドイツ諸国（バイエルンなど）を吸収合併して，1871年に
「ドイツ帝国」が成立する。これがいわゆる「ドイツ統一」だが，オー
ストリアはそこから外れた。その結果，長年「音楽の都」と呼ばれてき
た神聖ローマ帝国の帝都ウィーンが「ドイツ」ではなくなってしまう，
という事態が生じた。こうした国家統一の遅れと「中心」の不在，そし
てドイツでの「南北問題」と呼ばれるプロイセン（後にはドイツ帝国）
とオーストリアの対立関係は，19世紀の音楽史にも大きく影を落とし
ている。

　ところで，近代ヨーロッパのナショナリズムにとって，音楽はきわめ
て重要な芸術であった。なぜなら，その基盤となる「民族精神」そのも
のが音楽を通して発見されたからだ。ヘルダーJohann Gottfried
Herder（1744-1803）は「無教養で感覚的な民衆（フォルク）の歌謡」
である「民謡（フォルクスリート）」こそが，ドイツ人の芸術の「基盤」
となるべき「民族の幹」であると考えた。「われわれは自分達に固有の
基盤に立ち，民族的所産から，民族の信仰と趣味に基づき，自己を形成
しなければならない」（「英独詩芸術の類似性について」，1777年）。「民
族」とは「もっとも自然な国家」であるのだから，われわれは自然を通
じて与えられた言語や感性，才能を大切に育まなければならない。ヘル
ダー自身は「ナショナリスト」ではなく，自民族中心主義を警戒する
「普遍主義者」であったが，彼が民謡論を通して練り上げた「民族精神」
の理念は，瞬く間にドイツのみならずヨーロッパ全土に浸透し，ナショ
ナリズムが芽吹く土壌を作った。

（2）「ドイツ音楽」の変貌とバッハの「再発見」

　民族精神を重視するナショナリズムの登場は，「ドイツ音楽」の定義

までをも変えてしまった。18世紀にドイツを代表する音楽家とみなされていたのは，テレマンやヘンデル，グルックだった。彼らはドイツ人でありながら，イタリア様式やフランス様式を完全に習得してオペラや器楽を創作し，母国ドイツをこえて，フランスやイギリスなど諸外国で活躍した，文字通りのコスモポリタン的芸術家であった。「混合趣味」（複数の国の趣味や様式の混合）は，ドイツ人がそれをもっとも得意とする「ドイツの趣味」である。クヴァンツは『フルート奏法』（1752年）でそう述べていた（バロック時代における混合趣味については，第9章3（3）参照）。しかし19世紀に入ると状況は一変する。混合趣味はむしろ「非ドイツ的」として否定的に捉えられるようになり，それを得意とする作曲家に対する評価も低下した。そして彼らに取って代わって評価が高まったのが，彼らの同時代人でありながら，生前はそれほど名声を得ていなかったバッハであった。

　1801年に『一般音楽時報』で18世紀ドイツ音楽史を連載執筆したトリーストは，「ヘンデルとグルックはドイツのために作曲したのではない」という理由で，彼らを自らの「ドイツ音楽史」の対象から除外した。ドイツ音楽史とは「ドイツ国民」の精神や趣味の歴史に他ならず，「ドイツ人が作った音楽」がすべてそこに含まれるわけではないからである。他方トリーストは，バッハを「和声の完成者」と呼び，18世紀前半のドイツ音楽の中心に据える。合唱曲や鍵盤曲などプロテスタントの教会音楽を中心とするバッハの作品は，同時代の流行からは孤立していたが，「ドイツの熱意と国民精神」の結実であった，と彼はいう。こうしてバッハは19世紀のドイツ人によって「発見」された。バッハの最初の伝記であるフォルケル『バッハ伝』（1802年）の刊行から，メンデルスゾーン Felix Mendelssohn-Bartholdy（1809–1847）がベルリンで行った《マタイ受難曲》の復活上演（1829年）に至る「バッハ復興」

の現象は，過去の文化遺産の中にドイツの「民族精神」を再発見し，ナショナル・アイデンティティの基盤にしようとする時代精神の産物であった（メンデルスゾーンによる《マタイ受難曲》の蘇演については，第15章1（2）参照）。

（3）ドイツ人のナショナル・アイデンティティと音楽

　スタール夫人の『ドイツ論』（1810年）は，当時のフランス人の眼にドイツがどう映っていたかを教えてくれる。連邦国家であるドイツは「共通の中心」を欠き，そのため「まとまった国民」が形成されてこなかった。ドイツの「平和な無政府状態」は政治的には有害だが，天才と想像力を発揮する分野である文化や芸術においてはむしろ好都合だった。そう彼女はいう。彼女は「海の領土はイギリス人のもの，陸の領土はフランス人のもの，そして空の領土がドイツ人のもの」というジャン・パウル（『ドイツへの平和説法』，1808年）の言葉を引き，「思索と想像力の王国」であるドイツの精神的土壌を説明する。

　国家の不統一と政治的分裂，そして領土と国境の曖昧さは，ドイツ人のナショナル・アイデンティティを現実政治の次元から精神的次元へと移行させた。フィヒテは『ドイツ国民に告ぐ』（1808年）で，それを「内的国境」と呼んだ。彼によれば，山や川といった自然国境は「外的国境」にすぎず，「共通の言語と思考様式」こそが，「人間の精神本性それ自体によって引かれた内的国境」として，1つの民族を本質的に他から区別する。そしてそうした「内的国境」を構想するうえで強い牽引力を発揮したのが，音楽芸術，とくに歌詞や標題を含まない「絶対音楽」であった。現代イギリスの音楽学者サムソンはドイツ特有のナショナリズムのあり方と音楽の関係について次のように述べる。

（引用13-1）ドイツにおけるナショナリズムは理念のなかに，より正確には，理念と感情の結合のなかに位置を占めたが，音楽はまさにその結合にとっての特権的モデルとして機能した。絶対音楽はドイツ精神の統一性を表象しただけでない。それは表現できないものを表現し，言葉にならないものを可能にし，ドイツ・ロマン主義の核心にあった憧憬と内面性の感覚をまとめ上げた。（ジム・サムソン「ネイションとナショナリズム」（2001年）。Jim Samson. "Nations and Nationalism." in: Jim Samson (ed.). *The Cambridge History of Nineteenth-Century Music*. Cambridge: Cambridge University Press, 2001, p. 586. 吉田訳）

「絶対音楽」という言葉自体は，ハンスリックEduard Hanslick（1825-1904）の『音楽美論』（1854年）を通して普及したものだが，その思想の源泉は18世紀末に遡る。例えば，ドイツ・ロマン主義の創始者とされる文学者ヴァッケンローダーは，器楽を「人間を超越した仕方で人間の感情を叙述」する「天使の言語」と呼び，交響曲（シンフォニー）を「1つの世界全体，人間の情感の劇全体」を描く「最後で最高の楽器の勝利」と賞讃した（『芸術幻想録』，1799年）。ドイツ人は管弦楽や鍵盤音楽などの器楽に優れている，という外国からの評価やドイツ人の自己理解は，すでに18世紀からみられたが，19世紀にはそこに交響曲という新ジャンルが加わる。やがて，その交響曲は「もっともドイツ的な音楽」とみなされるに至るのだが，その歴史を辿るときに，どうしても避けて通れない最重要の音楽家がいる。ベートーヴェンである。次のシューマンの言葉ほど，そのことを雄弁に証言するものはないだろう。

（引用13-2）ドイツ人が交響曲について語るとき，彼はベートーヴェンのことを言っているのだ。ドイツ人にとって，この2つの言葉は切り離しが

たい1つのものであり，自らの喜びであり，誇りである。イタリア人には
ナポリがあり，フランス人には革命があり，イギリス人には海運があるの
と同じく，ドイツ人にはベートーヴェンの交響曲があるのだ。ベートー
ヴェンがいるから，ドイツ人は自分たちが絵画の流派を持たないことを忘
れられる。彼と共にドイツ人は，ナポレオンに敗退した戦いを精神のなか
で取り返したのだ。（シューマン「オーケストラのための最近の交響曲」
（1839年）。Robert Schumann. "Neue Sinfonien für Orchester." in: Robert
Schumann. *Gesammelte Schriften über Musik und Musiker*. 5. Aufl., Bd. 1.
Leipzig: Breitkopf & Härtel, 1914, S. 424. 吉田訳）

（4）ベートーヴェンの交響曲とその聖典化

　E. T. A. ホフマンが『一般音楽時報』に執筆した「ベートーヴェンの
第五交響曲」（1810年）は，「ロマン主義音楽美学の創設記録」（ダール
ハウス）である。ホフマンはそこで「自立した芸術」としての器楽を
「最もロマン主義的な芸術」と呼び，すべての芸術の頂点に位置付けた。
器楽は「外的な物質世界とはまったく無関係」な「未踏の国」をわれわ
れに開示し，その中でわれわれは「概念で説明できる感情を捨て去り，
語りえないものに身を委ねる」。彼によれば，ハイドンとモーツァルト
の創作を通じて，交響曲は「器楽のうちの最上のもの，いわば楽器によ
るオペラ」となるに至った。18世紀まで音楽ジャンルの頂点に君臨し
てきたオペラは，いまや交響曲に取って代わられた，というのだ。ここ
で語られているのは近代音楽美学の「パラダイム転換」に他ならない。
「戦慄，恐怖，驚愕，苦痛の挺子を動かし，ロマン主義の本質である無
限の憧憬を呼び覚ます」作曲家ベートーヴェンによって，交響曲は「純
粋にロマン主義的」な，すなわち「真に音楽的」な音楽ジャンルとなっ
たのだ。ホフマンは第五交響曲の徹底した動機労作に注目する。「わず
か2小節からなる主題楽想」が「多様な形態をとって反復」し，「全体

の精巧な織物」へと編み込まれていく。その様はまるで「美しい樹木が胚芽から生まれ育つ」ようだ。この作品は「それ自体で存立する全体」であり，歌詞や標題や音画的描写，すなわち言葉や概念や物質世界から解き放たれている。

　ベートーヴェンの9つの作品を強固な礎として，交響曲は「もっともドイツ的」な音楽ジャンルとみなされるようになる。フィンクは「交響曲について」（1835年）で，ハイドン，モーツァルト，ベートーヴェンという「三人の英雄」の業績を総括し，序曲や協奏曲としての「シンフォニーア」から区別される「ジンフォニー（交響曲）」は，「新たにドイツ人によって創られ，完成された」ジャンルであり，「その名称とそれを創り出した栄誉はもっぱらドイツ人に帰されるべきである」と述べた。さらにベートーヴェンの交響曲は，19世紀のドイツで発展をみた歴史哲学にも組み込まれていく。ヴェント Amadeus Wendt（1783-1836）は『芸術の主要時代について』（1831年）で，ヘーゲル流の歴史哲学を音楽史叙述に導入し，ベートーヴェンの交響曲を，ドイツを含めたヨーロッパ音楽史全体の頂点として位置付けた。音楽史に「自由の精神の進歩」を見出すヴェントは，ドイツ音楽がイタリアとフランスよりも遅れて発展したことを認めつつ，19世紀以降も「進歩」を続けているのはそのドイツ音楽だけであると主張する。そして彼が「ドイツ音楽の最終段階」と呼ぶのがベートーヴェンである。ベートーヴェンは「純粋な器楽とオーケストラを，外国人がいまなお感嘆してやまない高みまで引き上げた」。「すべての楽器がそれぞれの持ち場で自立した生命を獲得する，偉大な世界調和」と呼ぶことのできる彼の交響曲は，音楽芸術の分野で「自由の意識の進歩」が上り詰めた頂点であり，ヨーロッパ音楽史全体が到達した最高地点である。またヴェントは同時に，ベートーヴェンの交響曲があまりにも偉大であるために，彼以降のドイツの作曲

家は同ジャンルでの創作をためらってきた，と述べ，後に顕在化する「ベートーヴェン以後」の問題も指摘している。

　このように9つの交響曲を中心とするベートーヴェンの作品は，ドイツの誇る「国民文化」として「聖典化」されたが，そればかりでなく，音楽作品から離れて，一人の人間としてのベートーヴェンも，もっとも理想的に「ドイツ的」な精神や特性を備えた「英雄」として称賛され，「神格化」されていく。解放戦争（1813-14年）後のドイツでは多くの「国民的記念碑」が建造されたが，その流行とも相俟って，ベートーヴェンの記念像が各地に作られた。生地のボン（1845年）はもちろんのこと，ハイリゲンシュタット（1863年），ウィーン（1880年）など作曲家にゆかりのある街に次々とベートーヴェン像が建立された。だが記念碑だけなら，多くの作曲家が同じ栄誉に与ってきた。ベートーヴェンの稀有な点は，その生涯や人物を題材とする小説や劇，絵画までもが，彼に心酔する芸術家たちによって数多く創作されたことである。ヴァーグナーの小説『ベートーヴェン詣で』（1840年）もその系譜に連なる。こうした過程を経て，ベートーヴェンは19世紀のドイツにおいて，音楽家という職業の枠をはるかに超えた国民的英雄となっていく。

2. 分裂する「ドイツ音楽」
──音楽史にみるドイツの南北問題

（1）絶対音楽の美学と「ベートーヴェン以後」

　先述のようにハンスリックは『音楽美論』で絶対音楽の美学を提唱した。ドイツ語の「絶対（absolut）」はラテン語の「absolutus（解放された）」に由来する形容詞であり，そこから「絶対音楽」とは歌詞や標題から切り離された純粋な音楽（器楽）を指す。「器楽ができないことに

ついては音楽ができるとは決して言えない。というのも器楽だけが純粋で絶対的な音楽（reine, absolute Tonkunst）だからである」（渡辺護訳, p. 48）と彼は言う。『音楽美論』の主目的は, 音楽という芸術の「境界画定」, すなわち文学や絵画では表現することができない「音楽に特有のもの」とは何かを明らかにすることにあった。それは「対象をもたない形式の遊び」である, というのが彼の答えだ。「音楽の内容は響きつつ動く形式である」（渡辺護訳, p. 76）というテーゼが独り歩きしたために, ハンスリックの音楽美学はしばしば「形式主義」として評価——ときには非難——されてきたが, 彼の主張の要点は, 詩や造形芸術とは違い, 音楽の場合, 形式と内容は不可分であるということにあった。

　「ドイツでは理論においても実践においても, 主題の内実より音楽的展開の方に優先的価値が置かれる」とハンスリックは言う。美しい旋律の着想では, イタリア人がドイツ人を凌ぐことを彼は認める。だが主題旋律の「有機的発展」にかけては, ドイツ人に勝るものはない。あたかも「１つのつぼみが豊かな花となる」ごとく, 聴く人が明瞭に見通せるように, 主題旋律が「有機的に自己を展開」するのがドイツ的な作曲法なのである。この説明はホフマンのベートーヴェン論を彷彿させるが, 実際ハンスリックも「われわれの時代がベートーヴェンの管弦楽作品以上のものを提示できない理由は, 多分に展開の技術の乏しさよりも, むしろ主題の交響的な力と多産性の貧弱さにある」といっている。ここには, ドイツ音楽の最高の到達点であるベートーヴェンの器楽が, すでに遠い過去のものになってしまっている, というこの時代特有のジレンマがみられる。

　「絶対音楽」という語を最初に使用したのはヴァーグナーRichard Wagner（1813–1883）だった。ただしハンスリックの場合とは違い, 彼にとってこの語は否定的意味合いをもっていた。1846年, 宮廷楽長

を務めていたドレスデンでベートーヴェンの第九交響曲（1824年初演）を指揮するに際し，彼は会場で配布する曲目解説を自ら執筆した。周知のように，この作品の第四楽章には声楽（独唱と合唱）が登場する。ベートーヴェンがその最後の交響曲の最後の楽章に声を導入した意図は何か。そしてそもそも《第九》は交響曲の傑作と呼べるのか。当時激しい論争を引き起こしていたそれらの問いに対し，ヴァーグナーは独自の見解を示す。低弦によるレチタティーヴォが，前の3つの楽章の主題が回帰するのを再三遮った後，バリトン独唱（「おお友よ，このような音ではない！」）を招き寄せる。ヴァーグナーによれば，それは純粋器楽が否定され，言葉と声の到来が待ち望まれる瞬間に他ならない。

（引用13-3）この巨匠が，人間の言葉と声の到来を十分に待ち望まれた必然的なものとすべく，畏敬の念を起こさせるような低弦のレチタティーヴォによってそれを準備したさまは，実に驚くべきものである。このレチタティーヴォは，絶対音楽の限界をほとんどすでに打ち破りながら，決断を迫るかのように，その力強く感情豊かな語りをもって他の楽器を押し留めるのだ。（ヴァーグナー「ベートーヴェンの第九交響曲の曲目解説」(1846年)。Richard Wagner. "Bericht über die Aufführung der neunten Symphonie von Beethoven im Jahre 1846, nebst Programm dazu." in: Richard Wagner. *Sämtliche Schriften und Dichtungen*. 6. Aufl., Bd. 2. Leipzig: Breitkopf & Härtel/C. F. W. Siegel (R. Linnemann), o. J [1912], S. 61. 吉田訳)

ヴァーグナーは第九交響曲の中に音楽史の決定的転回を見出す。それは「絶対音楽」の時代の終焉と，彼が理想とする「総合芸術作品」――詩と音楽と舞踊が未分化で一体となった劇――の時代の幕開けを告げているのだ。

第九交響曲は，ベートーヴェン没後のドイツの音楽界に深刻な停滞感をもたらした。シューマンは1835年に「ベートーヴェンの第九交響曲

は，現存する器楽作品の中で最大のものであり，それ以後は交響曲の規模も目的も尽きてしまったようにみえる」と書いた。そのため意欲的な作曲家ほど，むしろ意識的に交響曲というジャンルを避けるようになる。リストが標題音楽の新たなジャンルとして交響詩（標題的性格をもつ一楽章形式の管弦楽曲）を考案したのも，「ベートーヴェン以後」の器楽の方向性を模索した結果の1つであった。

　ところがハンスリックは，リストやヴァーグナーとは違い，「絶対音楽」を見限らなかった。彼はシューマンの第四交響曲（1841年初演）を論じた批評（1857年）の中で「音楽において必要なのは新しいジャンルではなく新しい人物である」と述べている。彼は，シューマンが「交響曲，三重奏曲，四重奏曲といった既存の形式を，新たな内容の豊かさで満たした」ことを賞讃する。そしてやがて，ハンスリックが待望した「新しい人物」が出現する。それがブラームス Johannes Brahms（1833-1897）であった。彼はブラームスのピアノ協奏曲第1番（1859年初演）をベートーヴェンの第九交響曲と結び付けて解釈する。ニ短調という調性やティンパニの使用法など，両作品には多くの共通点がみられる。「ニ短調協奏曲はむしろ1つの交響曲，すなわち最大規模で構築され，あらゆる慣習的パッセージ作法から自由な，ピアノ伴奏付きの交響曲だ」と彼はいう。ハンスリックにとって，ブラームスこそが，ベートーヴェンの後継者にして，ドイツ楽派の器楽の伝統を正しく受け継ぐ作曲家であった。とくに彼はブラームスの「変奏」の技法に着目した。例えば《ハイドンの主題による変奏曲》（1873年）には「純粋に音楽的な思考と形式」すなわち「自分自身を拠り所にして，自分自身を通して理解される音楽的な美」が見出される。『音楽美論』で説かれた美学理論は，ブラームスの登場によってついに，しかも理想的なかたちで実現されたのである。

216

（２）ヴァーグナーと総合芸術作品としての劇

　共和主義者として1848年のドイツ三月革命を支持したヴァーグナーは，翌49年5月にドレスデンで市民蜂起が起きると，革命家バクーニンらと共にそれを主導し，その結果，警察から指名手配を受け，亡命を余儀なくされた。主にチューリヒを滞在地とした彼の亡命時代は1860年代まで続くが，その間，音楽家として失職していた彼は，作曲や著述活動に専念することになる。《ニーベルングの指環》と祝祭劇場の構想が固まったのもその時期だった。またそれと並行して，独自の芸術理論も練り上げられ，それは『オペラとドラマ』（1851年）に結実する。

　ヴァーグナーは『オペラとドラマ』の冒頭で，「オペラという芸術ジャンルの錯誤の本質は，表現の一手段（音楽）が目的とされ，逆に表現の目的（劇）が手段とされてきたことにあった」と高らかに主張する。「音楽」と「劇」の主従関係を逆転させること，それが彼の目論見であった。ヴァーグナーは，オペラが「錯誤」に陥った原因を，当時のイタリア・オペラの代表格であるロッシーニに帰する。ロッシーニのアリアは，「オペラの全体的組織」から切り離された「絶対旋律」に他ならない。アリアを並べて構成されるオペラは「絶対音楽的」であり，「真の劇」の基盤とはならない，と彼はいう。従ってヴァーグナーが理想とする音楽劇はもはやオペラとは呼ばれず，単に劇と呼ばれる。

　劇の概念は『未来の芸術作品』（1849年）でも提示されていた。そこでは，古代ギリシャ劇にみられた詩，音楽，舞踊という3つの芸術の「根源的協同」を回復し，「芸術のあらゆるジャンルを包括する偉大な総合芸術作品」を甦生させるという「未来の芸術」のビジョンが語られていた。これに対し，『オペラとドラマ』では男女の生殖の比喩で劇の理念が説かれる。「音楽とは女」であり，その女が「無条件に愛すべき男」

こそが詩である。そして「音楽の体は，詩人の想念によって受胎したときにのみ，真の生きた旋律を産み出すことができる」のである。

　ホフマンやハンスリックが音楽というジャンルの自立性を重視したのとは対照的に，ヴァーグナーはジャンルの概念自体に否定的だった。「劇は芸術ジャンルの範疇に含まれない」と彼はいう。つまり彼が構想する「総合芸術作品」とは，文学や美術や音楽や舞踊といった諸芸術ジャンルの「寄せ集め」ではなく，それらが未分化なまま混然一体となった状態である。彼が古代ギリシャ劇を理想としたのはそのためである。また同様の理由から，彼は民謡にも注目する。民謡は「民衆の口から発せられる根源的な自然旋律」である。「民謡は詩と音楽が緊密に結び合って同時に作用することから発生する」ものであるため，「民衆にとって，旋律と詩の分離はありえない」。ヘルダーの民謡論の影響がここにも及んでいる。

（3）ヴァーグナー対ハンスリック──「ドイツ音楽」の２つの方向性

　ヴァーグナーの《ニュルンベルクのマイスタージンガー》（1868年初演）に登場するベックメッサーのモデルがハンスリックだったことは有名である。盗んだ歌を歌い損ねて，民衆の前で恥をさらすこの書記官の役に，ヴァーグナーは頭が固い批評家の姿を重ね合わせた。ヴァーグナーと彼の一派は，ハンスリックを形式主義者として批判したが，興味深いのは，その議論が国民性の表象と結び付いていたことだ。

　ヴァーグナーの理論的擁護者であったブレンデルは『音楽史』（1852年）で，ドイツ音楽とイタリア音楽を対比し，前者が「内面的・精神的・無形的」であるのに対して，後者は「表面的・感覚的・形式的」な特性をもつと述べた。この区分に従えば，ハンスリックが説く音楽美──「響きつつ動く形式」──は「イタリア的」ということにな

る。またザイドルは，ハンスリックの『音楽美論』に「崇高」の概念を
もって挑んだ『音楽的崇高について』（1887 年）で，ドイツ人が「精神
的内容」を求めるのに対してイタリア人は「感覚的形式」を好む，従っ
て，「ドイツの北部すなわちプロイセン」でヘーゲル的観念論が支配的
であるのと対照的に，「より南方の国であるオーストリア」では形式主
義が支持されているのは当然である，と指摘した。ハンスリックの形式
主義的音楽美学は「ウィーン的・南方的な美の感情」に由来している，
と彼はいう。実際，ハンスリックの本拠地ウィーンは，地理的・文化的
にイタリアに近く，また宗教面でもドイツ語圏におけるカトリックの中
心地であったために，しばしば「ドイツのイタリア」とも呼ばれて
きた。

　ヴァーグナー派のこうした主張は，当時の北ドイツの政治傾向と完全
に合致していた。プロイセンは，オーストリアを除外してドイツを統一
する「小ドイツ主義」を国是とした。その帰結として1871 年に成立し
た「ドイツ帝国」は，しかしながら，「帝国」とは名ばかりで，実質的
にはプロテスタント系ドイツ人の「国民国家」であった。そこでは少数
民族だけでなく，カトリック系ドイツ人までもが「帝国の敵」として政
府から差別や迫害を受けた。そうしたなか，ゲルマン的美徳やプロテス
タント精神を称揚するヴァーグナーの楽劇が熱狂的に受け入れられたの
であった。

　それに対してオーストリアは普墺戦争の敗退後，「大ドイツ主義」に
よるドイツ統一を断念し，中欧から東欧に跨がるドナウ川沿岸領域を中
心的版図とする「多民族国家」としての再出発を迫られた。1867 年に
は，ドイツ人に次いで帝国内第二の多数派民族であるマジャル人（ハン
ガリー人）の独立が認められ，オーストリア＝ハンガリー二重帝国が成
立した。10をこえる言語集団と 5 つの宗教が共存していた帝国内で，

ドイツ語やドイツ文化は「共通語」としての役割を担った。ハンスリックの音楽美学は，こうした政治的社会的状況を抜きには理解できない。

　ハンスリック自身がプラハで生まれ，チェコ語とドイツ語のバイリンガルとして育ち，成人してからウィーンに出て，音楽批評家さらには大学教授として成功した典型的な「ドイツ系オーストリア人」だった。彼は，ブラームス以降，ドイツ楽派の器楽の伝統を継承する「ドイツ人」作曲家が出現しないことに危機感をもちつつも，絶対音楽の美学を放棄しなかった。そして「非ドイツ人」の作曲家がそれを継承することを大いに歓迎した。ドヴォルザークのピアノ五重奏曲（1887年）を彼はこう賞讃する。

> （引用13-4）ドヴォルザークの作品が，彼のロシアやノルウェーの仲間の作品に比べて，より普遍妥当的で普遍人間的であることは疑いない。彼ら全員の起源であるドイツ楽派を，ドヴォルザークはまったく否定しない。ベートーヴェン，シューベルト，ブラームスが彼の唯一の模範なのだ。（ハンスリック「ブラームスとドヴォルザークの新たな五重奏曲」（1890年）。Eduard Hanslick. "Neue Quintette von Brahms und Dvořak." in: Eduard Hanslick. *Aus dem Tagebuche eines Musikers*. Berlin: Allgemeiner Verein für Deutsche Litteratur, 1892, S. 319. 吉田訳）

　チェコ人であるドヴォルザークは通常「国民楽派」の一人に数えられる。しかしハンスリックは，ドヴォルザークが「固有の美を創るために民族的響きを必要としない」ことをむしろ強調する。彼にとって「ドイツ音楽」とは，特定の民族（ドイツ人）のみが享受できる芸術ではなく，諸民族に開かれた「普遍的」芸術だった。同じくチェコ人のスメタナ Bedřich Smetana（1824-1884）の弦楽四重奏曲第1番（1876年）を彼はこう評する。

（引用13-5）この四重奏曲に民族的要素はごくわずかしかない。だからわれわれは，チェコの音楽においても依然ドイツ語が「国内の習慣語」であると知り，安心する。ベートーヴェンが，そして次にはメンデルスゾーンが，スメタナの模範である。（ハンスリック「室内楽：F・スメタナ『四重奏曲』」（1880年）。Eduard Hanslick. "Kammermusik: F. Smetana: Quartett." in: Eduard Hanslick. *Concerte, Componisten und Virtuosen der letzten fünfzehn Jahre*. Berlin: Allgemeiner Verein für Deutsche Literatur, 1886, S. 285. 吉田訳）

　チェコ人がドイツ語を解するのと同様，チェコ人の作曲家もドイツ楽派の語法を用いる。それは帝国内の「共通語」として，諸民族の意思疎通を可能にしているのだ。絶対音楽の美学が「南方」のオーストリアで支持された理由は明らかだろう。

　こうしてドイツの国土が南北に分裂するのにしたがって，ドイツ音楽の理念も２つに引き裂かれた。ヴァーグナーにとってのドイツ音楽は，「純粋で根源的なゲルマン人」の「民族精神」を回復する楽劇であり，他方ハンスリックにとってそれは，民族や言語の壁を超える「純粋で絶対的な音楽」としての器楽であった。一方は国民国家的ナショナリズム（プロイセン）に対応し，他方は帝国的ナショナリズム（オーストリア）に対応する。このように19世紀に誕生した「音楽の国ドイツ」は，すぐさまその内側に，拮抗する２つの音楽的理念を抱え込むことになったのである。

参考文献

1．ハンスリック『音楽美論』渡辺護訳，岩波書店，1960 年
2．カール・ダールハウス『絶対音楽の理念──十九世紀音楽のよりよい理解のために』杉橋陽一訳，シンフォニア，1986 年
3．リヒャルト・ワーグナー『オペラとドラマ』杉谷恭一・谷本慎介訳，第三文明社，1993 年
4．西原稔『「楽聖」ベートーヴェンの誕生──近代国家がもとめた音楽』平凡社，2000 年
5．吉田寛『ヴァーグナーの「ドイツ」──超政治とナショナル・アイデンティティのゆくえ』青弓社，2009 年
6．吉田寛『絶対音楽の美学と分裂する〈ドイツ〉──十九世紀』青弓社，2015 年

学習課題

1．ベートーヴェンの交響曲第5番を鑑賞し，冒頭で提示される主題が作品全体に織り込まれていく動機労作のあり方を理解しなさい。
2．ベートーヴェンの交響曲第9番を鑑賞し，最終楽章で声（合唱）がどのように導入されるのかを確認しなさい。
3．ヴァーグナーの『オペラとドラマ』とハンスリックの『音楽美論』を読み比べ，両者の音楽美学の相違点や対立点を理解しなさい。

14 | 19世紀イタリア・フランスの オペラ―音楽的ドラマトゥルギーの 変容

森佳子

《目標＆ポイント》 ロマン主義が花開く19世紀，イタリアとフランスのオペラにおける，音楽とドラマの関係性について学ぶ。この時代，オペラの歴史に1つの頂点がもたらされ，音楽とドラマはどのように融合されるべきか，芸術家たちにある種の方向性が示された。

《キーワード》 オペラ・ブッファ，ロッシーニ，グランド・オペラ，マイヤーベーア，ヴェルディ，ヴェリズモ・オペラ

1. オペラ・ブッファ

（1）モーツァルト―役柄と声域

　フランス大革命の前後，モーツァルトはダ・ポンテ3部作と呼ばれるオペラ・ブッファ，《フィガロの結婚》(1786)，《ドン・ジョヴァンニ》(1787)，《コジ・ファン・トゥッテ》(1790) を初演している。彼は，「オペラの人物は声質の違いによって，それぞれの概念を持つべきである」と述べ，これらにおいて従来よりも多様化した役柄にふさわしい声域を振り分けた。例えば《フィガロの結婚Le nozze di Figaro》の場合，フィガロとアルマヴィーヴァ伯爵はバリトン，小姓のケルビーノはメゾ・ソプラノである。フィガロの恋人スザンナと，夫の心離れを嘆く伯爵夫人はどちらもソプラノだが，前者は軽め（例えばソプラノ・レッジェーロ・リリコ），後者はそれよりも重めの声質の歌手によって歌わ

れる。

　18〜19世紀中期までのオペラの形式は，ナンバー・オペラ（アリア
やレチタティーヴォなどの各部分に番号を振り，モザイク風に連続させ
る方法）が主流である。モーツァルトのオペラ・ブッファは，レチタ
ティーヴォ・セッコ（チェンバロ伴奏による話し言葉に近い朗唱部分）
とアリア（有節歌曲）を交互に繰り返す，初期のナンバー・オペラの方
法をとった上で，デュオやアンサンブルがドラマ進行に上手く絡み合う
よう綿密に計算されている。特に，幕切れのアンサンブル・フィナーレ
は大きな見どころで，事件の解決に向けてアンサンブルを中心に音楽的
な一体感をもって進行する部分にあたる（参考文献4, 大崎さやの「オ
ペラ・ブッファ」pp. 256-59）。声域の振り分けも含め，こうした方法
はのちのロッシーニにも引き継がれた。

（2）ロッシーニ—声質の多様性

　イタリアのロッシーニGioachino Rossini（1792-1868）は，モーツァ
ルトに続いて，《アルジェのイタリア人》（1813），《セビリアの理髪師》
（1816），《チェネレントラ》（1817）などのオペラ・ブッファを次々と初
演した。モーツァルトの声質へのこだわりは，ロッシーニにおいて低音
のキャラクター性の探求へとつながった。例えば，プリマドンナにメ
ゾ・ソプラノが起用され，脇役にアルトが使われることもあった。さら
に，バリトンやバスにも個性的な役が与えられた。また同じソプラノ，
テノールあるいはバリトンでも，レッジェーロ，リリコ，ドラマティコ
（軽→重）などと細かく分類され，声質はさらに多様化した。

　全体の構成においては，初期のナンバー・オペラの方法（レチタ
ティーヴォ・セッコとアリアの繰り返し）が踏襲された上で，ある種の
「定型」が見られる。例えば，第1幕の登場アリアで人物紹介が行われ，

最後に混乱に陥り，アンサンブル・フィナーレとなる。第2幕では端役によるシャーベット・アリア（口直しの意。気晴らしとして挿入される）があり，最後に危機的状況（例えば嵐など）を迎える（参考文献2, pp. 169-70）。

　《フィガロの結婚》と同じ原作で，物語の前半部分を扱っている《セビリアの理髪師 Il barbiere di Siviglia》（全2幕）の場合，フィガロはバリトン，ロジーナはメゾ・ソプラノ・コロラトゥーラ，アルマヴィーヴァ伯爵はテノール・レッジェーロ・リリコによって歌われる。ロジーナもアルマヴィーヴァも軽めの声質であるが，前者のアリアを例に挙げよう。

　ロジーナの第1幕最初のカヴァティーナ（アリア）は，リンドーロという偽名を使って近づくアルマヴィーヴァに彼女が一目惚れし，「彼を必ず手に入れたい」と歌う場面である。まずアンダンテで力強く，「今の歌声は心に響き Una voce poco fa qui nel cor mi risuonò」と歌い，「そうよ，リンドーロは私のもの Si, Lindoro mio sarà」で32分音符の速い下行形の音階が装飾的に繰り返される。そして間奏を経て，後半部分にあたるモデラートに入り，「私は素直で礼儀正しい Io sono docile, son rispettosa」と再び歌い始める。その後，16分音符による装飾的なパッセージに入り，「でももし弱みに付け込まれたら，毒蛇になって，敵が降参するまで一杯の罠でこらしめてやる Ma se mi toccano dov'è il mio debole /Sarò una vipera/e cento trappole prima di cedere farò giocar」で勢い付く。特に「毒蛇になって…」のくだりでは，アクセントの付いたパッセージが下行して，低音の嬰ト音（gis）まで到達することに注目したい。ここでは，軽めのメゾ・ソプラノの歌唱テクニックによって，庶民女性のしたたかさが表現される。

譜例14-1　ロッシーニ作曲《セビリアの理髪師》第1幕　ロジーナのカヴァ
ティーナ Una voce poco fa qui nel cor mi risuonò より　（F. Lucca）

2.　フランスのグランド・オペラ

（1）グランド・オペラとは何か

　フランスではナポレオンが失脚し，1830年の七月革命を経てルイ・
フィリップが即位すると（王政復古），貴族階級に代わって，金儲けに
成功した新興ブルジョワ（大ブルジョワ）が台頭してくる。そしてパ
リ・オペラ座では，彼ら好みのグランド・オペラが盛んに創作されるよ
うになる。ここでいう「グランド・オペラ」は，単に「大がかりなオペ
ラ」という意味ではなく，1830，40年代のパリ・オペラ座で流行した
ジャンルの1つである。

　グランド・オペラを定義してみよう。これは4あるいは5幕からなる
フランス語のオペラで，大がかりな舞台装置，大編成のオーケストラと
合唱，バレエが不可欠な構成要素とされる。基本的にナンバー・オペラ
を踏襲しており，レチタティーヴォ・アコンパニャート（オーケストラ
伴奏付きレチタティーヴォ）によって進行する。また，アリア重視のイ
タリア・オペラと比べて盛りだくさん，かつ演劇的なイメージで，とり
わけ合唱が活躍する部分が大きい。そのほか，宗教的あるいは政治的対

立がテーマとして扱われる点が挙げられる。最初のグランド・オペラは
オベールの《ポルティチのおし娘》（1828）に始まり，ロッシーニの《ギ
ョーム・テル》（1829）を経てマイヤーベーアの《悪魔ロベール》（1831），
《ユグノー教徒》（1836），アレヴィの《ユダヤの女》（1835），ドニゼッ
ティの《ラ・ファヴォリート》（1840）などによってジャンルとしての
完成をみた（参考文献4, 森佳子「グランド・オペラ」pp. 279 - 83）。

　19世紀後半になると，グランド・オペラは創作されなくなっていく。
その頃初演されたフランス・オペラで，現在上演の機会が多いものに，
グノーの《ファウスト》（1859）やマスネの《ウェルテル》（1892）など
がある。これらはグランド・オペラの影響を強く受けているものの，内
容的には主人公の内面に焦点が当たっており，それとは一線を画して
いる。

（2）ジャンルの始まり

　オベールDaniel-François-Esprit Auber（1782-1871）の《ポルティ
チのおし娘La Muette de Portici》（全5幕，スコット原作，スクリーブ
＆ドラヴィーニュ台本）は，今日上演の機会が少ないものの，グラン
ド・オペラというジャンルの始まりとして特筆すべき作品である。以
下，詳しく見ておこう。

　当作は，1647年のナポリ漁民のスペイン支配に対する決起をテーマ
に，実在の革命の主導者マサニエッロの人生を描いたもので，ベルギー
独立革命（1830）の契機になったことで知られる。物語は以下の通りで
ある。マサニエッロの妹フェネッラは，貴族と恋に落ち，彼に捨てられ
たショックで話せなくなる（バレリーナがパントマイムで演じる）。結
局，革命は失敗に終わり，マサニエッロは壮絶な最期を遂げる。衝撃を
受けたフェネッラは，噴火するヴェスヴィオ山の熔岩に身を投げる。

　初演は，音楽と相まったリアルな舞台演出によって大成功を収めた。例えばラストの火山の噴火の場面では，躍動感のある音楽に合わせ，炎と煙が上がり，熔岩が山の斜面を転がり落ちる様子が演出されたという。またこうした階級間の対立は，これまでのオペラにはないテーマであったが，七月革命直前のパリの雰囲気に相応しいものでもあった。

　《ポルティチのおし娘》の音楽で特徴的なのは，序曲のテーマがライトモティーフ（本章4（1）で後述する）のように繰り返される点である。これは，革命を描写する3種類のテーマ（およびその変形）とフェネッラのテーマで構成される。冒頭は，減7の和音による衝撃的な革命のテーマAで始まり，続いて優美なフェネッラのテーマ，再び革命のテーマB，行進曲Cへと続く。テーマAは第4幕において，革命で焼き尽くされた街，悲惨な人々の状況を描写する際に使われる。行進曲Cは同幕において，群衆が勝利したマサニエッロを讃える場面で出てくる。そして第5幕ラストでは，フェネッラが身投げするところでBが聞こえ，火山が噴火し始める。

228

譜例14-2　オベール作曲《ポルティチのおし娘》序曲，ヴォーカルスコア
より（Troupenas et Cie）

（3）マイヤーベーア─総合芸術としての完成

　ヴェロンがオペラ座の支配人に就任すると，マイヤーベーアGiacomo Meyerbeer（1791-1864）と台本作者スクリーブEugène Scribe（1791-1861）の共作が始まる。そして第1作の《悪魔ロベールRobert le diable》（全5幕，初演1831年）においては，演出面で大きな進歩が見られ，初めてボーダーライトにガス照明を使用することで薄暗いムーンライトが実現した。その効果によって，第3幕の修道女たち（亡霊）のバレエは大評判となり，後のロマンティック・バレエにも影響を与えた。こうしてグランド・オペラは，舞台テクノロジーの進歩とともに，音楽面と視覚面が融合された総合芸術として完成され，次作の《ユグノー教徒Les Huguenots》で頂点を迎えたのである。

　グランド・オペラの音楽形式を詳しく定義することは難しいが，マイヤーベーアの場合は，イタリア風のメロディにドイツ，フランスの要素を加えた「折衷様式」であると言われる。中でも楽器の「音色」は特徴的で，ヴェーバーから引き継がれた，管楽器それぞれの音色を異なる登場人物に当てはめる方法を発展させている。

　《悪魔ロベール》を例に挙げよう。物語は，悪魔を父に持つロベール（テノール）が，一度は父の誘いに乗るものの，結局人間である亡き母の遺言に従い，悪魔になることを拒否するというものだ。マイヤーベーアは二管編成のオーケストラに，バスの補強としてオフィクレイド（サクソフォーンに似た金属の楽器）を加えた。そして，悪魔ベルトラン（バリトン）には中低音の木管楽器とホルンまたはトロンボーンが，聖なる象徴であるアリス（ソプラノ，ロベールの乳母妹）にはフルート，オーボエ，クラリネットなどが割り当てられる（ただし主人公ロベールに特定の音色は見られない）。また，第3幕のバレエでタムタムが不気味な空気を醸し出し（口絵5），第5幕幕切れ（ロベールが救済される）

でオルガンとハープが神聖な雰囲気を盛り上げる。これらのオーケスト
レーションは，非常に大きなドラマ的効果を挙げている（参考文献1，
岡田安樹浩「第3章　管弦楽法の折衷主義」第Ⅰ部，pp. 76-95）。

3. イタリア・オペラの変容—
ベッリーニとドニゼッティ，そしてヴェルディへ

（1）オペラの定型—ソリタ・フォルマ

　ロッシーニの後，イタリア・オペラを牽引したのはベッリーニ
Vincenzo Bellini（1801-1835）で，彼は《ノルマ》（1831）や《清教徒》
（1835）などの悲劇オペラで知られる。その後を引き継いだドニゼッ
ティGaetano Donizetti（1797-1848）は，《愛の妙薬》（1832），《ランメ
ルモールのルチア》（1835）など喜劇，悲劇を含めた多くの作品を発表
し，ヴェルディGiuseppe Verdi（1813-1901）への橋渡しを行なった。
一般にイタリア・オペラは，長大なアリアを重視するあまり，ドラマ性
に乏しいと見なされがちであったが，彼らはこの点に改良を加えて
いった。

　彼らのオペラにおける音楽とドラマの関係を見ていこう。重要な点と
しては，「ソリタ・フォルマsolita forma」（常套形式の意）という歌の
形式が挙げられる。これは，オペラの各要素（アリアやレチタティー
ヴォ，デュオ，アンサンブルなど）を構築する際の定型であり，ドラマ
進行に合わせて定められている。ロッシーニですでにこの形式の萌芽が
みられ，ヴェルディに至るまで大きく発展した。

　遡って18世紀のイタリア・オペラは，多くの場合，アリアとレチタ
ティーヴォの2つの部分で構成され，アリアの部分は3部形式の長大な
ダ・カーポ・アリアとなる（初期のナンバー・オペラの典型）。しかし

19世紀になるとダ・カーポ・アリアは廃れ，音楽をドラマの場面ごとに捉えるようになり，ナンバー・オペラの形式を維持したまま，それぞれの場面でアリアが溶け込むように工夫がなされた。それが発展して，「ソリタ・フォルマ」になったのである。

　詳しく説明しよう。当時のイタリア・オペラは大きく分けて重唱，アリア（カヴァティーナ），フィナーレで構成される。そしてこれら3つはそれぞれ，①シェーナ（場面という意味）と呼ばれるドラマ進行を重視した朗唱的な部分で始まり（フィナーレの場合，ほかにも様々な種類の歌やバレエが挿入されることもある），②アダージョ（カンタービレ）という「叙情的な歌」に引き継がれる。その後③テンポ・ディ・メッツォというつなぎの部分を経て，④カバレッタやストレッタといったテンポの速い「締めの歌」に入っていく（参考文献3, 森田学「第9章　19世紀のオペラ台本のしくみ」pp. 203-31）。このアダージョ（カンタービレ）とカバレッタでは全く性格が異なるため，場面の状況を想起させるコードにもなる。

分類	①シェーナ	②アダージョ（カンタービレ）	③テンポ・ディ・メッツォ	④カバレッタ
特徴	場面という意味 朗唱風で，ドラマ進行あり	叙情的な歌 ドラマは停止	つなぎの部分 朗唱風で，ドラマ進行あり	比較的速めの歌 ドラマは停止

フィナーレはより複雑な構成になっており，④カバレッタの代わりにストレッタ（複数の声部が次々と入り，緊迫感を持って進む方法）が入る。

図14-1　重唱・アリア（カヴァティーナ）のソリタ・フォルマ

（2）ヴェルディとソリタ・フォルマ

　ヴァーグナーと同年生まれのヴェルディGiuseppe Verdi（1813-1901）の作曲活動は，主に３つの時期に分かれる。まず第１期には，《ナブッコ》（1842），《エルナーニ》（1844），《リゴレット》（1851），《イル・トロヴァトーレ》（1853），《椿姫》（1853），続いてフランスのグランド・オペラの影響を受けた第２期には，《ドン・カルロス》（1867）（フランス語），《アイーダ》（1871）が含まれる。そして，ヴァーグナーを知った後の第３期には，《オテッロ》（1887），《ファルスタッフ》（1893）が挙げられる。

　ここで，《椿姫La traviata》第１幕ラストの有名なヴィオレッタ（ソプラノ）のアリアを，「ソリタ・フォルマ」の形式にあてはめてみよう。序曲はピアニッシモで，ヴィオレッタの死のテーマ（ロ短調）から始まり（このテーマは第３幕で再現される），優雅で表情豊かなメロディに続く（ホ長調）。幕が上がり，高級娼婦であるヴィオレッタの家で，賑やかな社交界のパーティが行われている様子が描かれる（イ長調）。ここで彼女はアルフレッドと出合い，恋に落ちる。その後客が去り，彼女が一人になったところで「シェーナとアリア」（ここから図14-1を参照）に入る。

　まずシェーナ（①）では，ヴィオレッタが「おかしいわ！不思議ね，心の中に彼の言葉が刻まれている È strano! è strano! . . . in core scolpiti ho quegli accenti!」と，レチタティーヴォ・アコンパニャートで高揚した気持ちを語った後，アリア（ヘ短調，3/8）に入る。このアリアは大きく前半と後半，アンダンティーノ（②のアダージョあるいはカンタービレに相当）とアレグロ・ブリランテ（④のカバレッタに相当）に分かれる。まず前半（②）で，「ああ！きっと彼だったのよ Ah fors'è lui che l'anima」と，彼女はためらい混じりに自らの気持ちを歌う。しか

し歌い終わると「馬鹿な考え！これは虚しい夢よ！Follie! Follie! ... delirio vano è questo!」と打ち消し，再び朗唱風になる（③のテンポ・ディ・メッツォ＝つなぎの部分）。そして「私はいつも自由にSempre libera degg'io」から後半（④）に入り（変イ長調，6/8），病気で長くないと自覚する彼女は，愛よりも今を楽しむことを優先しようと自らの気持ちを偽る。このように見ていくと，アリアはメリハリの効いたドラマ展開になっており，「ソリタ・フォルマ」の形式を利用して彼女の揺れる心が上手く表現されていることがわかる。

譜例14-3　ヴェルディ作曲《椿姫》第1幕　ヴィオレッタのアリア Sempre libera（④の部分）より（G. Ricordi&C. ）

4．ポスト・ヴァーグナー

（1）脱ナンバー・オペラへ

　ヴァーグナーはオペラ改革を行い，ライトモティーフを使用するとともに，ナンバーを取り払い，アリアとレチタティーヴォの区別をなくし，全体が1つに繋がれる「通作オペラ」を考案した（ヴァーグナーについては第13章2を参照）。ポスト・ヴァーグナーの時代になると，イタリアやフランスのオペラにおいても，（すべてではないが）基本的にナンバー・オペラから脱して，「通作オペラ」の形式をとっている。その結果，ドラマ進行が停止し，歌を楽しむことが優先される「音楽的時間」（閉じた形式）よりも，「ドラマ的時間」（開いた形式）の比重が大きくなっていく。

　オペラの「音楽的時間」と「ドラマ的時間」について説明しよう。例えば，アリアなどの独唱部分は「音楽的時間」にあたり，これは登場人物の内面を描写する「停止した時間」でもある。音楽的な構成についていえば，例えば3部形式（有節歌曲）ならABA... のように，同じ部分が何回か繰り返される。言うまでもなく，どの場合でも反復するメロディやリズムで観客を魅了することに重きが置かれる。一方，レチタティーヴォの部分は「ドラマ的時間」であり，音楽上の頻繁な繰り返しを伴わない。ナンバー・オペラの場合，これら2つの時間が交互に来るが，その配置の方法は様々である。例えば19世紀後半にもなると，ナンバー・オペラといえどもその構成は複雑で，それぞれのナンバーにおいて2つの時間が複雑に交差している場合もある。例えば，先に触れたヴェルディの「シェーナ」は概ね「ドラマ的時間」と言えるが，その中に短いアリアなどの「音楽的時間」が組み込まれていることもある。

　ところで「通作オペラ」の形式においては，「ドラマ的時間」にあた

る朗唱風の部分が中断せずに続くこととなり，観客を退屈させてしまう恐れがある。そこで，音楽的な魅力を損なわないために，ライトモティーフ（あるいは回想モティーフ）がより一層重要な意味を帯びてくるのだ。

　ライトモティーフ（示導動機とも言われる）とは，音楽モティーフに意味付けを行う方法の１つである。オペラが始まって以来，様々な音楽モティーフが使われており，例えば民謡や宗教音楽は特定の地域や時代を想起させ，オノマトペ（擬声音），動物の鳴き声，嵐や波を模倣するモティーフは特定の動作や状況を想起させる（参考文献5, p. 283）。しかしライトモティーフや回想モティーフ（使用方法として前者の方がより厳格）は，これらに限定されない，より自由度の高いものである。それは作曲家自身の自由なラベル付け（コード）によって意味が付されるからである。

　回想モティーフは，すでにナンバー・オペラの時代に頻繁に使われている。まず，18世紀後半のグルックやグレトリに萌芽が見られ，19世紀に入ってドイツのヴェーバーやフランスのグランド・オペラ，またヴェルディにおいても認められる。

（2）ヴェリズモ・オペラとは何か

　ポスト・ヴァーグナーの１ジャンルとして，イタリアではヴェリズモ・オペラが挙げられる。ちなみに「ヴェリズモ」とは，「自然主義」の延長線上にあるイタリア文学の運動（1850-60年代）のことを指す。

　20世紀フランスの音楽学者・作曲家のケルケルは，1890年から1920年頃までの，同時代的で現実的な日常をテーマにした，ヴェリズモ・オペラを含むフランスやイタリアの作品を「自然主義オペラ」と呼ぶ（参考文献5, p. 14）。またそれは，ブリュノーAlfred Bruneau

(1857-1934) の《夢Le Rêve》(ゾラ原作，ガレ台本)(1891) に始まる
という。これらのオペラでは，「歴史を動かす側ではない，俗世間の人
間社会に属する人びと」，とりわけアウトロー（芸術家，学生，娼婦，
犯罪者など）が登場人物になることが多い。また音楽的には「通作オペ
ラ」の手法により，ライトモティーフが使われる。さらにヴェリズモ・
オペラの場合，これらの要素に登場人物の感情の「激化」が加わり，
オーケストラには重量感がある。

　ヴェリズモ・オペラの遠い先駆は，ビゼーGeorges Bizet（1838-
1875) の《カルメン》(1875) であると考えられる。しかし形式的には，
伝統的なグランド・オペラとオペラ・コミックを踏襲した部分が大きい
ため，ヴェリズモ・オペラに分類されない。したがって，最初の作品は
マスカーニPietro Mascagni (1863-1945) の《カヴァレリア・ルスティ
カーナ Cavalleria rusticana》(「田舎の騎士道」の意)(1890) であり，
レオンカヴァッロ Ruggero Leoncavallo (1857-1919) の《道化師》
(1892)，マスネ Jules Massenet (1842-1912) の《ナヴァラの女》
(1894)，《サッフォー Sapho》(1897) へと続く。そのほか，プッチーニ
Giacomo Puccini (1858-1924) の《ラ・ボエーム》(1896)，《トスカ》
(1900)，《蝶々夫人》(1904) なども含まれる。《カヴァレリア・ルスティ
カーナ》，《道化師》，《ナヴァラの女》の3作は初期の代表作で，すべて
2幕構成で第1幕が長く，中間部にオーケストラの間奏が入り，第2幕
が短い（ただし《カヴァレリア・ルスティカーナ》はまだナンバー・オ
ペラの形式を維持している）。

(3) レオンカヴァッロとマスネ—作風の違い

　先に，ヴェリズモ・オペラは基本的に「通作オペラ」の形式をとると
述べたが，その方法は作品によって様々である。例えば，レオンカ

　ヴァッロの《道化師 I pagliacci》とマスネの《ナヴァラの女 La Navarraise》では作風が全く異なる。以下，ラストの場面を中心に，これらを比較してみよう。

　実は《道化師》には，「音楽的時間」がかなりの割合で存在している。物語は，道化師カニオが妻の浮気を疑い，逆上して舞台上で彼女を刺し殺してしまうといったものだ。第1幕の聴かせどころ（音楽的時間）は，カニオ（テノール）のアリア「衣装をつけろ Vesti la giubba」（ホ短調，$\frac{2}{4}$）で，彼は，感情を抑えて舞台に出なければならない苦しみを歌う。その後，間奏を経て第2幕に入り，前半はコンメディア・デッラルテの劇中劇として「音楽的時間」が導入される。そして再びカニオが現れると，現実と芝居の区別がつかなくなるまで「音楽的時間」は抑制される。しかし，カニオの感情が爆発したところで「嫉妬のモティーフ」が現れ，再び彼は歌い出し，「音楽的時間」へと没入していく。

　一方《ナヴァラの女》は，カルリスタ戦争（19世紀のスペインの王位継承戦争）の戦場において，恋人のアラキルと結婚したいがために殺人を犯したアニータが，最後は彼にも死なれ，気が狂ってしまうという話である。重要なモティーフとしては，全体を統一する役割を果たす「戦争のモティーフ」がある。そのほかにも，いくつかの重要なモティーフが見られる。しかし，これらはオーケストラが担当していることも多く，その分歌手は，「語り，演技を行う」ことに集中できる。そのためか，「音楽的時間」は《道化師》よりも少ない印象で，特にラストの場面では朗唱風の会話が目立つ。すなわち，オペラ特有の叙情性はひかえ目なのだが，オーケストラによって音楽的な魅力は保たれている。

　そもそも，イタリア人はヴォーカル性に重きをおく一方で，フランス人は韻律的にテクストと音楽を一致させることを重視する傾向がある。以上の比較は，そのことをはっきりと証明しているだろう。

238

　20世紀フランスの作曲家・音楽理論家のレイボヴィッツは，ヴェリ
ズモ・オペラの音楽の役割とは，「舞台の演技をなぞり，強調する」と
ころにあると述べた（参考文献6, p. 289）。しかし実際には，ライトモ
ティーフを効果的に使い，時には「音楽的時間」を維持することで，音
楽は「演技をなぞる」以上の，例えば上で見たような，様々な働きをし
ているのである。

　このように19世紀を通して，オペラの作劇において「音楽とドラマ
の関係はどうあるべきか」が常に問われ続けた。そして世紀末になる
と，オペラの時間的流れはより演劇に近くなった。そうなると今度は，
「どのように音楽的な魅力を維持するか」が，新しい課題となったので
ある。

参考文献

1. 澤田肇・佐藤朋之・黒木朋興・安川智子・岡田安樹浩共編『《悪魔
　のロベール》とパリ・オペラ座—19世紀グランド・オペラ研究』
　SUP上智大学出版，2019年
2. 水谷彰良『イタリア・オペラ史』音楽之友社，2006年
3. 嶺貞子監修・森田学編『イタリアのオペラと歌曲を知る12章』東京
　堂出版，2009年
4. 丸本隆・森佳子他編『オペラ／音楽劇研究ハンドブック』アルテス
　パブリッシング，2017年
5. Kelkel, Manfred. *Naturalisme, vérisme et réalisme dans l'opéra de
　1890 à 1930*, Paris: Librairie Philosophique J. Vrin, 1984.
6. Leibowitz, René. *Histoire de l'opéra*, Paris : Buchet/Chastel, 1987.

学習課題

1. 19世紀初頭のオペラ・ブッファで完成される，登場人物の類型化における声域・声質について説明しなさい。

2. 19世紀前半～中頃のロマン主義における，フランスとイタリアのオペラの特徴について，音楽とドラマの関係を中心に例を挙げて述べなさい。

3. ポスト・ヴァーグナーの1ジャンルである，ヴェリズモ・オペラの音楽的特徴について，実際の作品を元に説明しなさい。

15 | バッハ演奏の変遷から見る音楽史

赤塚健太郎

《目標＆ポイント》　楽譜を通じて過去の楽曲を演奏することが当たり前になると，その楽曲が作られた当時の演奏習慣と，演奏者が属するその都度の「現代」の演奏習慣に食い違いが生じるようになる。こうした過去の音楽の演奏にまつわる問題について学び，一例としてバッハ演奏の変遷について理解を深めることを目標とする。
《キーワード》　J. S. バッハ，演奏習慣，原典版，実用版，古楽演奏，オリジナル楽器

1．19世紀における過去の音楽の演奏

（1）「20世紀音楽史」の必要と困難

　本書では古代から19世紀までの西洋音楽史を辿ってきた。となると，最終章は20世紀音楽に足を踏み入れることが期待される。既に21世紀に入って久しく，前世紀である20世紀（特にその後半）を歴史叙述の対象に組み入れることは音楽学にとっての重要な課題である。

　だが，交通・物流や通信の発達とそれに伴う文化交流の急激な進展により，20世紀は西洋音楽の影響が地球規模に拡大した時代であり，逆に，西洋の音楽が他の地域の音楽から多大な影響を受けた時代でもある。結果として20世紀に入ると，西洋音楽史を「西洋の」音楽の歴史として語ることが不可能になり，歴史叙述の対象が際限なく拡大した。加えて，録音技術の普及と向上により多様なジャンルで膨大な量の音楽が残されるようにもなっている。よってこの小著の，まして最終章のみ

で20世紀音楽を語ることは不可能である。

　そこで本章では，これまで言及してきた西洋音楽史上の楽曲が，19世紀から今世紀にかけてどのように演奏されてきたかという点に絞って検討してみよう。いや，この試みすら範囲が広すぎるのであって，ここではJ. S. バッハの音楽がどのように演奏されてきたのかという問題に集中したい。バッハ楽曲の演奏の変遷にこそ，過去の音楽に対する取り組み方の移り変わりが最も明瞭に読み取られるからである。

（2）メンデルスゾーンによる《マタイ受難曲》の蘇演

　18世紀までは，西洋の人々は概ね同時代音楽に対してのみ関心を寄せていた。過去に作曲された音楽を，楽譜を通じて演奏し，作品として受容するという習慣が広い範囲で定着したのは18世紀後半から19世紀にかけてのことである。それによりハイドンやモーツァルト，ベートーヴェンらの音楽が古典としての地位を得た（第10章4参照）。

　これら古典派の音楽は，演奏の伝統が途絶えることなく現代にまで続いている。しかしバロック以前の音楽家やその楽曲については，一部の例外を除き，その死とともに忘却されるのが常であった。J. S. バッハについても同様で，既に存命中から次世代の音楽家による批判を受けていたバッハの音楽は（第10章1参照），没後に大部分が忘れ去られた。モーツァルトがバッハ楽曲に親しんだように，一部の楽曲が限られた層の音楽家によって評価され続けたが，その範囲は限定的だった。

　一方，19世紀に入ると，音楽におけるドイツのナショナル・アイデンティティを確立する過程でバッハの再発見が進んだ（第13章1参照）。特に重要なのはメンデルスゾーンによる《マタイ受難曲》の蘇演（1829年）で，これをきっかけに大規模な宗教声楽曲まで含めたバッハ復興が急激に進んだ。

　しかし一度途絶えた演奏の伝統を復興させるには，様々な工夫が必要となる。例えば，メンデルスゾーンは《マタイ受難曲》の蘇演に際し，バロック時代の大規模な宗教声楽曲に慣れない聴衆のために大規模な省略を行った。また使用楽器の変更も顕著である。バッハが用いた楽器でメンデルスゾーンの時代には失われていたものがあり，異なる楽器で代用する措置が行われたのだ。例えばバッハがしばしば用いたオーボエの一種であるオーボエ・ダ・カッチャは，クラリネットに置き換えられた。

　一方，既に第11章から第12章においてピアノについて確認したように，演奏され続けた楽器についても，時代とともに大きな変化を遂げるのが常である。例えば，バッハの時代のヴァイオリンやフルートと，メンデルスゾーンの時代のそれらは，構造や奏法，鳴り響きなどで様々な違いが存在する。いうまでもなくバッハが《マタイ受難曲》を演奏した際に用いられたのはバッハの時代の楽器であるが，メンデルスゾーンはこの曲の蘇演に際し，19世紀前半における現代楽器を当然のように用いている。

　メンデルスゾーンの工夫として，テンポの変化や音量変化などの細かな指示を楽譜に書き加えたことも重要である。一般に，バロック時代の楽譜にはそうした演奏上の指示は少ししか書き込まれない。当時の人々には，譜面上の僅かな情報からでも相応しい演奏の仕方が常識的に判断されたためであり，また演奏者の自由な解釈が慣習的に広い幅で認められていたためでもある。こうした，譜面に記された内容をどのように鳴り響かせるかに関する常識や慣習を，一般に演奏習慣と呼ぶ。

　一方，19世紀に入ると，そうした指示は作曲者によって楽譜上に明示されることが増え，演奏者の自由に委ねられる部分は減っていった。そのため，メンデルスゾーンは演奏上の具体的な指示を書き加える必要があった。その際，19世紀の聴衆の好みに合わせる配慮もなされて

いる。

　総じてメンデルスゾーンの《マタイ受難曲》蘇演は，生前のバッハが
どのような演奏を行ったのかということよりも，19世紀前半の演奏習
慣や聴衆にこの大曲を適応させることの方を重んじている。そうした配
慮のおかげか，この蘇演は大成功に終わりバッハ復活の流れを決定づ
けた。

（3）ロマン主義的バッハ演奏

　《マタイ受難曲》の蘇演以後，バッハの音楽は大々的な復興を遂げ，
1850年に創設されたバッハ協会によって全集の出版も行われた（旧バッ
ハ全集）。この頃から，バッハ作品の出版における学問性と実用性をめ
ぐる議論が行われるようになった。学問的な出版とは，バッハの自筆譜
や生前の出版譜，家族や弟子など身近な人物による筆写譜を原典資料と
して尊重して行うものである。その代表例が旧バッハ全集であり，通奏
低音の和声付けの実施例を付さない点などで，実用性よりも原典資料へ
の忠実性を重んじる学問的な態度が示されている。記譜に際して原典資
料の音部記号をそのまま用いている点などでは，後述する新バッハ全集
よりもむしろ資料に忠実といえるが，原典資料の調査が不徹底で，任意
の資料に依拠している点などで限界もみられる。

　一方，実用的な出版譜とは，原典資料に対して様々な演奏上の指示な
どを書き加えたものであり，そうして作られた楽譜を実用版と呼ぶ。既
に述べたように，バッハは装飾音など演奏者の自由に委ねられるべき領
域まで楽譜に書き記すというバロック時代においては珍しい性格を持つ
音楽家であったが（第10章１参照），その彼が残した楽譜ですら19世紀
の音楽家たちにとっては情報不足に感じられ，実用版が要請された
のだ。

そうした演奏上の指示の加筆に際して，メンデルスゾーンの《マタイ受難曲》蘇演に見られたように，しばしば19世紀風の味付けが行われた。その一例を，バッハの残したヴァイオリンのための無伴奏ソナタ第1番の冒頭で見てみよう。譜例15-1は19世紀に活躍したベルギーのヴァイオリン奏者レオナールHubert Léonard（1819-1890）が校訂した実用版楽譜である。旧バッハ全集版（第10章の譜例10-1ａ）と比較すると，強弱に関する記号や数字による運指の指示などが大量に加えられ，19世紀の流儀に味付けされているのが分かる。

譜例15-1　Ｊ.Ｓ.バッハ作曲　無伴奏ヴァイオリン・ソナタ　第１番
ト短調BWV1001から　第１楽章冒頭（レオナール校訂版）
（この楽譜は、レオナールが校訂した版をナドーÉdouard Nadaud（1862-1928）が再版したものである）

ヴァイオリンのための無伴奏曲に対し，様々な編曲を施す試みも行われた。ロマン派の音楽においてヴァイオリンの無伴奏曲というジャンルはそれほど好まれていなかったためである。そこでバッハの無伴奏ヴァイオリン音楽に，ピアノ伴奏を付けるという試みが19世紀の様々な作曲家，例えばメンデルスゾーンやシューマンらによって行われた。また無伴奏ヴァイオリン音楽の管弦楽曲化も試みられている。

こうした試みは，バッハの音楽を尊重しつつも，演奏に際して「現代」化を施し自分たちの時代の好みへと引き寄せるものと総括できるだ

ろう。19世紀から20世紀初頭にかけて，バッハ作品はこうしたロマン主義的な演奏法によって鳴り響いた。

2. 20世紀におけるバッハ演奏

（1）新即物主義の時代

　ロマン主義的なバッハ演奏は当然に批判を呼ぶことになる。すなわち，バッハの音楽を，彼自身の時代よりも演奏する自分たちの時代に引き寄せ，主観的に歪めているのではないかとの批判である。こうした声は特に第一次大戦後に訪れた新即物主義Neue Sachlichkeitの時代に高まった。新即物主義とは美術に由来する概念で，総じて個人の主観的な表現を排する芸術思潮を指す。この傾向は音楽の作曲や演奏にも持ち込まれ，演奏については「楽譜に忠実」であることが賞賛されるようになった。

　もちろんここでいう楽譜は，19世紀の好みに従って演奏法や表情の指示が書き加えられたロマン主義的な実用版ではない。バッハの意図を反映した原典資料に基づく楽譜を，忠実に演奏することが求められるようになったのだ。原典資料とは，先述のように作曲者自身の自筆譜や生前の出版譜などを指す。20世紀には，明白な誤記などは除いて，それらを忠実に再現するように校訂された原典版が尊重されるようになった。

　ただし一口に原典版といっても，その校訂方法や内容は様々である。原典資料に存在しなかった演奏指示を補った原典版も多い。既に述べたように，バッハの時代までは楽譜上に細かな指示を記す習慣がなく，それを忠実に演奏すると無味乾燥な演奏になるからである。結果として，原典版と実用版の境界線を明確に引くことはできない。

　また，重要な原典資料が複数残されているにもかかわらず，その内の

一資料のみに基づく形で作成された原典版もしばしば見られる。原典資料が複数残されている場合，それらは内容に食い違いを見せるのが常であり，本来は諸資料を徹底的に批判（資料の成立・伝承事情の調査や内容の比較等）して校訂されなければ学問的な原典版とは言えない。やがて20世紀半ばになると，旧バッハ全集で欠けていた資料批判という方法を徹底させる形で新たなバッハ全集の出版が始まった（新バッハ全集）。21世紀初頭にようやく完結したこの全集は，一般に原典版の模範例と見なされているが，新バッハ全集は自らを原典版ではなく批判校訂版と位置付けている。

20世紀前半に広まった原典版を重んじる新即物主義的な態度は，作曲者の意図に忠実であろうとする演奏姿勢を示し，演奏者の属す時代の主観を排しているように思われる。しかしここで尊重されているのは楽譜に記された内容である点に注意が必要である。西洋の五線譜は音価と音高をディジタルに規定し，しかもその際に「こう弾け」という手段は脇に置いて，「この音を出せ」という結果を直接に示すものである（第2章2参照）。よって，「楽譜に忠実」という理念は，音楽の特定の側面に関する結果のみを重視する偏りにつながる。

この偏りが顕著に表れたのが，無伴奏ヴァイオリン楽曲におけるバッハ弓の問題である。ヴァイオリンには4本の弦が張られているが，通常の奏法では，弓が同時に鳴らすことのできる弦は2本までである。よって譜例1に見られるように三重音や四重音が楽譜に記されている場合，それらは低音側から分散和音の形で順に弾かれる。これはバッハの時代から現代に至るまで変わらぬ演奏習慣である。しかし「楽譜に忠実」を標榜する新即物主義者たちはこれを不当とし，楽譜上で縦一列に和音として記されているならば，実演でも同時に鳴らされねばならないと考えた。そして，そのような演奏が可能となるような弓がバッハの時代には

使われていたに違いないとして，歴史的には存在しなかったバッハ弓な
るものが考案された。これは極度に湾曲した形状を持ち，手元のレバー
で毛の張力を緩めて4本の弦を同時に擦ることを可能とした弓である。

　無論，バッハの時代にそのような弓は存在しておらず，バッハは分散
和音として弾かれる前提で三重音や四重音を書き，当時のヴァイオリン
奏者もそのように弾いていたと考えられる。よって，新即物主義者たち
の「楽譜に忠実」であろうとする態度は，結果として当時の実践に反す
ることになったのである。このように，過去の音楽を演奏する際には，
譜面上に書かれる結果としての音だけでなく，それがどう弾かれたかと
いう演奏習慣の問題も無視できない。いや，そもそもヴァイオリンとい
う楽器自体もバッハの時代から大きく変化しているのであれば，楽器も
当時のものに立ち返る必要があるいう主張も可能になる。

（2）古楽演奏の広まり

　過去の音楽を演奏する際，それが作曲された時代の楽器や奏法・唱
法，演奏習慣を用いる演奏は古楽演奏などと呼ばれ，そこで用いられる
楽器は古楽器，ピリオド楽器，オリジナル楽器などと称される。バッハ
の時代のヴァイオリンについては，胴体や弓の形状や構造，張られる弦
の素材などが現代楽器と異なる。フルートについても，バッハの時代の
楽器は管体が一般に木で作られ，複雑なキーのシステムを備えてい
ない。

　ただしオリジナル楽器という概念は注意が必要である。この語は，ま
さに作曲当時に使われていた楽器の実物に限定して用いられることがあ
るのだ。一方，古楽器やピリオド楽器という語は，当時の楽器を模して
造られた後世のレプリカも一般に含みうる。

　逆に，バッハの生前に作られた楽器がバッハ楽曲にとってのオリジナ

ル楽器であるとも限らない。例えば，バロック時代に作られたストラ
ディヴァリのヴァイオリン（第9章2参照）は現代でも名器とされる。
しかし，彼の楽器はヴァイオリンの変遷に伴ってその都度改造されてい
るのであり，製作された当時の形態や響きを保っているものはほとんど
ない。結果として彼の楽器の大半は，バッハ演奏におけるオリジナル楽
器とは見なせない。

　いずれにせよ，作曲された当時の様式の楽器を用いる古楽演奏は，既
に19世紀から20世紀前半において，ドルメッチ Arnold Dolmetsch
（1858-1940）やランドフスカ Wanda Landowska（1879-1959）らの先
覚者によって様々に試みられていた。しかしそれが広い影響を与えるよ
うになったのは20世紀後半のことである。楽器やその奏法，演奏習慣
に関する歴史的な研究の進展と，演奏家の増加や技量の向上により，20
世紀後半には古楽演奏が過去の音楽への取り組みを一変させる広まりを
見せた。

　演奏家による差が甚だしいため古楽演奏の特質をまとめることはでき
ないが，しばしば指摘される共通の傾向として，きびきびとしたテンポ
や歯切れよい明瞭な響き，楽譜に縛られない即興性の重視などが挙げら
れる。こうした態度は，自分たちからバッハの側へ歩み寄っていくもの
として，ロマン主義的演奏の対極に位置づけられることが多い。

　古楽演奏の成果の1つは，バロック以前の忘れ去られていたレパート
リーの再評価である。成立当時の楽器や奏法を用いることで，新たな魅
力が発見された過去の楽曲は数多い。もう1つの成果は，本章で焦点を
当てているバッハなど，後世における演奏の蓄積がなされてきた「定
番」についての見直しである。従来の演奏家たちは，それぞれの時代の
現代楽器や演奏習慣でバッハを演奏することを当たり前としてきた。一
方で古楽演奏は，バッハ当時の楽器や奏法に立ち返ることを標榜するこ

とで，そうした伝統を一度取り払い，新鮮な目でバッハ楽曲に取り組む
ことを可能としたのである。

　これは，現代楽器を用いる演奏家たちにしてみれば自らが属する演奏
の伝統を否定されたようにも見える。結果として現代楽器演奏と古楽演
奏は，20世紀の後半に対立関係に陥った。しかし古楽演奏の成果が世
に広く受け入れられた結果，今世紀に入る頃には対立は緩和している。
むしろ，現代楽器を用いながら古楽演奏の成果を取り入れてその響きを
模倣したり，現代楽器と古楽器を1つのオーケストラの中で併用するよ
うな折衷的な試みが年々広まっている。こうした近年の演奏様式を，折
衷的なバッハ演奏と呼ぶことができるだろう。

3. バッハ演奏における歴史の反復とその都度の現代性

（1）ロマン主義的演奏としての古楽

　ここまで概観してきたバッハ演奏の変遷を，直線的な発展過程として
進歩史観的に捉えることが可能である。つまり，自分たちの好みに合わ
せてバッハを歪めたロマン主義的な演奏に対し，まず新即物主義の時代
に原典を重んじる態度が現れ，主観的な楽譜の加工を排した。さらに
20世紀後半になると古楽器が復興し，奏法や演奏習慣に関してもバッ
ハの時代に立ち返ることが広まった。その成果を受け，現代では現代楽
器や古楽器といった手段の違いを乗り越え，当時の様式や作曲者の意図
に従ったバッハ演奏が広く楽しまれるようになった。

　こうした演奏史観は演奏家や教育家の言説，音楽評論の中で広く観察
されるが，まったく一面的な見方に過ぎない。バッハ演奏の歴史的な変
遷は，大きな循環としても捉えうるからだ。そうした循環的な捉え方を
示すため，まず古楽演奏のロマン主義的側面を指摘しよう。

　古楽演奏は，全面的にか部分的要素にとどめるかは演奏家によって差

があるものの，楽曲成立時の鳴り響きに立ち返ろうとする。これは，過去を理想として掲げる態度といえる。しかし録音技術が存在しない時代の鳴り響きを実際に知ることはできない。過去の響きという知りえないものを理想化して憧憬の対象とするのは，ロマン主義的態度といえるだろう（第12章 1 ）。

　我々の前には，さらに別種の知りえぬことが横たわる。まず，バッハがそもそも彼の楽曲を理想的な形で演奏できていたのかという問題が存在する。例えばライプツィヒのトーマス教会のカントル（市の教会音楽の監督にして教会付属学校の教育者）として過ごした後半生において，バッハが教会音楽の上演に起用できた演奏者の数は限られており，窮状を嘆く手紙を記したことが知られている。こうした状況を踏まえると，バッハが「やったこと」を伝える原典資料が，本当にバッハの「やりたかったこと」を伝えているかは不明とせざるを得ない。

　また，仮にバッハが彼の理想とする演奏を実践できており，その実態を何らかの時間遡行によって我々が聴くことができたとしても，その演奏に現代人が感銘を受ける保証は何もない。19世紀以降の音楽や現代のポップス，各地の民族音楽などに馴染むことで，我々の音楽に関する感性はバッハ時代のそれと大きく異なっているからである。こうした諸々の不可知性の彼岸にあるバッハ自身の演奏を，知りえないにもかかわらず，あるいは知りえないという疎外感ゆえに理想化する古楽演奏は，その基調においてロマン主義の再来以外の何物でもない。

　こうした見解に対し，バッハを自分たちの側に引き寄せたロマン主義的な演奏と，自分たちからバッハの側に歩み寄ろうとする古楽演奏は正反対であるとの反論が寄せられるかもしれない。確かに19世紀の人々は，当時の現代楽器で演奏することを適切と考え，原典資料に演奏指示を書き加えたり，何らかの編曲を加えることを躊躇わなかった。彼らは

演奏手段の現代化によってこそ理想的なバッハを発見できると考えたのだろう。

　こうした試みは，バッハの側へと歩み寄り，当時の響きを再発見することを標榜する古楽演奏の側から批判される。しかしバッハに歩み寄ることはどういうことか。繰り返すがバッハ自身の演奏を鳴り響きとして聴くことはできない。そこで，古楽演奏は彼が用いた楽器や奏法という手段の歴史的正当性を重視する。しかし楽器についても知りえぬことは多い。例えば，ストラディヴァリについて述べたように当時の楽器は後世の改造を受けていることが多く，また時が経つ中で損傷を受けることも多い。結果として，オリジナル楽器を手にしても，それが本当に当時の姿を留めているか不明である。

　仮に理想的なオリジナル楽器が見つかったとしても，それはスイッチを押せば当時の鳴り響きをもたらすような再生装置ではなく，演奏が求められる。そこで古楽の専門家は，当時の理論書や奏法書からバッハ時代の奏法や演奏習慣を探ろうとする。しかしそこに書かれるのは，言語表現が可能な事柄の一部に限られ，妙技の神髄などは到底読み取りようがない。また資料間で述べていることが食い違うことも多い。

　結局，どれだけ楽器や演奏習慣に関する音楽学的な研究が進んだとしても，実践に際しては知りえぬことが多く残る。そうした中で古楽演奏を行う際には，自身の好みや音楽経験に影響される形で自らが理想とするバッハをその都度想像し，そこに歩み寄ることしかできない。程度の差こそあれ，己が理想とするバッハを自ら作り出している点で，ロマン主義的なバッハ演奏と古楽演奏では同じことが行われているのである。

（２）手段と結果の関係

　ロマン主義的なバッハ演奏と古楽演奏の共通点として，鳴り響きを生

む手段を重視することも指摘される。前者は，自分たちの流儀で手段に介入することを躊躇わなかった。演奏上の指示を書き加えることや，編曲によって楽器編成を変えることでバッハ楽曲を自分たちの理想に近づけようとし，原典資料となる楽譜から逸脱することも問題としなかった。

　後者も，バッハの時代の習慣であると自分たちが信じる流儀に従って歴史的な楽器や奏法を復興し，時には楽譜に記された内容と演奏内容との間に差異を持ち込む。その典型例が即興的な装飾を加えることである。また当時の演奏習慣を踏まえることで，楽譜上にディジタルに明示された内容から敢えて逸れていくことも多い。例えば，付点音符を，記譜以上に大げさに演奏するいわゆる「複付点の奏法」などがその一例である。

　ここに見られる手段の重視は，もちろん結果としての鳴り響きを重んじればこそのことだ。ここには手段と結果との強い結びつきを認め，結果のみを偏重することは許されないという発想が前提されている。

　こうした態度は，新即物主義の掲げる「楽譜に忠実」という理念と好対照をなす。この理念は，結果を規定する楽譜と実際の鳴り響きとの差異を小さくしようとする態度と言い換えられる。楽譜に書き記すことのできる情報に限度がある以上，その差を無にすることは不可能だとしても，両者の間の差を創造性としては評価せず，演奏手段というものは楽譜の忠実な再現のためにのみ意義を認められることになる。

　実際，新即物主義者たちは，結果を規定する楽譜（特に原典資料）を重視する一方で，それを鳴り響かせる手段についてはあまりこだわることなく，当然に現代楽器を用いた。現代楽器の万能性・普遍性を前提にしていたともいえよう。ここに，手段と結果とを独立的に捉えた上で，結果を記した楽譜の側を重視するという態度が見て取れるだろう。

（3）近年の傾向

　以上のようにバッハ演奏の系譜には，手段重視のロマン主義的演奏か
ら結果重視の新即物主義的演奏へ，さらにそこから手段重視でロマン主
義的性格を持つ古楽演奏へという，循環的な移行の歴史が見出せる。
よって，それらを直線的な進歩史観のみに基づいて語るのは不適当で
ある。

　近年のバッハ演奏に顕著な折衷的演奏も，この循環に組み込んで理解
することができる。古楽演奏の成果を現代楽器演奏に取り込み，例えば
軽やかなテンポや歯切れのよい発音などを一定の範囲で採用するのが折
衷的バッハ演奏の一例である。こうした態度において，手段と結果の切
り離しが行われているのは明らかである。つまり，古楽演奏が当時の楽
器や奏法という手段に即して発見した鳴り響きという結果を，異なる手
段である現代楽器に移植することが可能だという前提に立っている。

　これは手段と結果の独立という傾向を示した新即物主義時代の演奏を
思い起こさせる。彼らは過去の楽譜に向き合う際，それがどのような時
代のものであろうと現代楽器によって演奏できると考え，その万能性に
疑いを持たなかった。一方，折衷的演奏では，現代楽器によっても過去
の奏法は採用できると考えられている。つまり，対象を楽譜から奏法へ
と横滑りさせつつ，万能性の前提が受け継がれているのである。

　現前の対象を参照するという点も新即物主義的演奏と折衷的演奏の共
通性として挙げられる。前者は，演奏者の目の前にある楽譜という物へ
の忠実な参照を理念とした。後者も，古楽演奏の実例を実際に聴き，そ
の成果としての鳴り響きを応用しようとする点で同時代の現前への参照
という傾向を示す。参照物が楽譜から鳴り響きへと横滑りしただけなの
である。これが可能となったのは，録音技術が広まり向上したためだろ
う。20世紀後半には古楽演奏の録音が膨大に残されるようになった。

これが即すべき物としての楽譜の地位を継承したのだ。

（4）音楽史を学ぶ意義

　20世紀後半における現代楽器によるバッハ演奏や，歴史研究を重んじて高度に専門化したり，逆に現代的感覚を重んじて自由化したりする近年の古楽演奏などには触れる余地がなかったが，本章ではバッハ演奏の変遷を概観し，それを進歩史観的な視点からだけでなく，循環的な視点から捉えることも可能であることが示された。

　同様のことはバロック以前の他の音楽家についても言えるし，類似の過程を古典派以降の音楽の演奏にも見出すことができる。結局のところ，過去の音楽の演奏について我々は進歩しているわけではなく，その時代ごとの状況や価値観に従ってその都度の理想的な演奏を求めてきたに過ぎない。

　その際に大きな役割を果たしたのが音楽の歴史への果敢な取り組みである。ロマン主義時代の人々は，一度は失われたバッハとその音楽を発見しようと歴史に立ち向かった。新即物主義の「楽譜に忠実」という旗印は，やがては歴史的な原典資料への綿密な取り組みという学問的な研究手法を確立させた。古楽演奏による過去の楽器や演奏習慣を再興する試みは，我々のバッハ観を大きく刷新した。

　こうした歴史への取り組みの諸過程で，その都度の現代的な尺度が読み込まれ，偏りを生んだのは既述の通りである。しかし，そうした偏りを否定的にのみ捉える必要はない。過去の音楽の演奏は，決して歴史の再現を目指すものではなく，その都度の現代において楽曲を活かし楽しむために行われるものである。ならば，こうした偏りにこそ，その演奏の現代的意義を見出すことが可能であり，過去と現代との隔たりが生む試行錯誤や緊張こそが演奏の説得力や魅力の源ともなりうるのである。

　歴史に学ぶことで得られる情報や示唆と，歴史に向き合おうとすることで引き起こされる緊張の両面が，絶えず我々の音楽を新鮮なものにしてくれる。ここに，音楽史を学ぶことの現代的な意義を見出すことができるだろう。

参考文献

1．小林義武『バッハ復活』春秋社，1997 年
2．ハリー・ハスケル『古楽の復活』有村祐輔監訳，東京書籍，1998 年
3．ワンダ・ランドフスカ『ランドフスカ音楽論集』鍋島元子・大島かおり訳，みすず書房，1998 年

学習課題

1．ヴァイオリンやフルートの歴史的変遷について調べてみなさい。
2．バッハの任意の楽曲について，実用版楽譜と原典版楽譜を比較してみなさい。
3．バッハの任意の楽曲について，現代楽器による演奏と古楽器による演奏を聴き比べてみなさい。

あとがき

　大学教員として，あるいは研究者として，専門は西洋音楽史だと自己紹介するようになってからそれなりの年月が経ってしまった。しかしそのような自称の結果，しばしばクラシック音楽の専門家や愛好者であると勘違いされてしまうのには未だに慣れることができない。確かに私は，クラシック音楽を扱うメディアに記事を執筆したり出演したりすることがあるし，音楽配信サイトにアクセスすれば便宜上クラシックなるジャンルを選択することが多い。だが，西洋音楽史を学び研究することと，クラシック音楽を愛好することの間には隔たりがある。

　両者の違いは，一つには範囲の違いとして説明されるだろう。どちらも過去の音楽家や楽曲と向き合うことには変わりがないが，クラシック音楽は概ね18世紀から20世紀初頭くらいまでの音楽の，そのごく一部を掬い取ったものに過ぎないからだ。だが，より重要で本質的な違いは，それぞれが依拠する発想や立場にある。西洋音楽史はその名の通り歴史に，一方のクラシック音楽は伝統に基づく。

　私見によればクラシック音楽とは，伝統的に評価されてきた大作曲家による珠玉の名曲が，伝統的に良しとされてきた演奏法で奏でられることであり，またそれを演奏会なる伝統的な舞台で鑑賞する行為だ。その周囲には，過去の音楽をどのように教育・指導し，どのように評論するかに関する伝統なども渦巻いているだろう。クラシック音楽が西洋音楽史の一部を掬い取る際の，その掬い取り方にこそ伝統が如実に表れているともいえる。

　一方，西洋音楽の歴史を学ぶことは，それらの伝統から距離を置き，各時代の音楽を，その時代の状況や文脈に即して再検討することで，過

去の音楽に対する理解を更新する試みである。この際，録音以前の時代については過去の音楽それ自体を聴くことが不可能であることもあって，当時の社会構造や思想・理論，そして作品を鳴り響かせる楽器と奏法，また作品の受容と評価が重要な手がかりとなる。「まえがき」で宣言された通り，これらの手がかりこそ本書の，あるいは本書に基づく講義の重視するところである。結果として，本書はクラシック音楽ファンの多くが期待するような大作曲家の列伝や珠玉の名曲のカタログとはほど遠いものとなっている。

　だが本書は，そうした列伝やカタログに並ぶような固有名詞を否定するものではない。むしろ，ここで提示された周囲から光を当てるわかり方は，伝統的に高く評価されてきた固有名詞に対して新たな理解や発見をもたらしてくれるだろう。あるいはこれまで評価されてこなかった固有名詞に向き合い，その見過ごされていた魅力を探し当てることも可能である。本書が，そうした発見や探求への刺激となれば幸いである。

　そもそも，歴史と伝統を対立的に捉えたとしても，実際には両者は避けがたく入り混じるものである。その典型が歴史解釈の伝統であろう。例えば本書は，バロックや古典派といった音楽史の時代区分において，至って伝統的な理解・解釈を踏襲している。本書がいかに音楽史理解や音楽史叙述の伝統に多くを負っているかは，豊富に示された引用文や参考文献，譜例の転載元から辿ることができるだろう。本書をきっかけに，そうした文献類が示す音楽史叙述の伝統に向き合って勉学の翼を広げていただけることを願っている。その過程で，本書の独自性と限界とを共に見出し，それにより各自の音楽史観をより鋭敏なものに研ぎ澄ましていくことができるに違いない。

　歴史と伝統が避けがたく関わりあうのであれば，西洋音楽史とクラシック音楽もまた無縁では済まないはずである。前者を学ぶことが後者

への理解や愛好を強めることになれば幸いだが，逆に辟易を呼び起こすことになるかもしれない。わかることが辟易につながることも当然に起こりうるのであり，そうした辟易は，それが歴史の理解に基づくものであるならば，伝統を刷新したり異なった伝統を打ち立てるための契機となってくれるだろう。本書や本書に基づく講義が，読者や受講者の方々にとって音楽の伝統を見つめなおす糸口となるならば，執筆者の一人としてこれほど嬉しいことはない。

　この印刷教材に基づく放送授業の第11回では，チェンバロ・フォルテピアノ奏者で和歌山大学教授の山名敏之氏にご出演いただき，貴重な楽器による素晴らしい演奏を披露していただいた。それにより，授業内容を実際の鳴り響きとして把握できるようになり，受講者の理解がより深いものになったことは疑いない。ご出演に対し，心から感謝申し上げる。

　本書の編集については，放送大学教育振興会の間宮敏彦氏に多大なご尽力をいただいた。また，放送講義の制作については，放送大学制作部の小林敬直プロデューサーをはじめとする制作スタッフの皆様にお力添えをいただいた。この場を借りて御礼を申し上げたい。

赤塚健太郎

索引

●配列は五十音順．*は人名・神名，『 』は書名，《 》は曲集名や音楽作品名，〈 〉は曲集や大
規模作品に含まれる個別楽曲名，（ ）は作者・作曲者名を示す。

分担執筆者紹介

筒井はる香 （つつい・はるか）

・執筆章→11・12

1973年生まれ。同志社女子大学学芸学部卒業（音楽学），大阪教育大学大学院で修士（音楽教育），大阪大学大学院で博士（文学），その後，ウィーン国立音楽大学に留学。同志社女子大学，神戸女学院大学，関西大学の非常勤講師を経て，現在，同志社女子大学准教授。

主な研究
対象 鍵盤楽器の製作史と文化史

主な著書 『フォルテピアノ：19世紀ウィーンの製作家と音楽家たち』
（アルテスパブリッシング，2020年）

主な共著
書 『ピアノを弾く身体』（春秋社，2003年）
『音楽を考える人のための基本文献34』（アルテスパブリッシング，2017年）

主な共訳
書 『シャンドール ピアノ教本――身体・音・表現』（春秋社，2006年）

吉田　寛 (よしだ・ひろし)

・執筆章→13

1973 年生まれ。東京大学教養学部卒業（表象文化論），東京大学大学院人文社会系研究科修士課程，同博士課程修了（美学芸術学）。博士（文学）。

現在　　　東京大学大学院人文社会系研究科准教授

専攻　　　美学芸術学，感性学

主な著書　『ヴァーグナーの「ドイツ」――超政治とナショナル・アイデンティティのゆくえ』(青弓社，2009 年)

『〈音楽の国ドイツ〉の神話とその起源――ルネサンスから十八世紀』(青弓社，2013 年)

『民謡の発見と〈ドイツ〉の変貌――十八世紀』(青弓社，2013 年)

『絶対音楽の美学と分裂する〈ドイツ〉――十九世紀』(青弓社，2015 年)

森　佳子（もり・よしこ）

・執筆章→14

1963 年生まれ。国立音楽大学楽理学科卒業，フランス・パリ第四大学で修士（音楽学），早稲田大学で博士（文学）。

現在	早稲田大学他非常勤講師
主な研究対象	オペラ・音楽劇，日本における洋楽受容
主な著書	『笑うオペラ』（青弓社，2002 年）
	『クラシックと日本人』（青弓社，2004 年）
	『オッフェンバックと大衆芸術：パリジャンが愛した夢幻オペレッタ』（早稲田大学出版部，2014 年）
	『オペレッタの幕開け：オッフェンバックと日本近代』（青弓社，2017 年）
主な訳書	ベルリオーズ著『音楽のグロテスク』（青弓社，2007 年）
主な共編著	『オペラ学の地平』（彩流社，2009 年）
	『演劇と音楽』（森話社，2020 年）

編著者紹介

津上　英輔 (つがみ・えいすけ)

・執筆章→1・2・3・6

1955 年生まれ。東京大学文学部卒業（美学芸術学），同大学院で博士（文学），その間フライブルク大学で音楽学を専攻。その後同志社女子大学を経て，1993 年から成城大学で美学を担当。その間イェイル大学，ストックホルム大学で研修。

現在　　　成城大学教授・放送大学客員教授

主な研究　ジローラモ・メーイの音楽思想，日常性の美学
対象

主な著書　『あじわいの構造：感性化時代の美学』（春秋社，2010 年）
　　　　　『メーイのアリストテレース『詩学』解釈とオペラの誕生』
　　　　　（勁草書房，2015 年）
　　　　　『危険な「美学」』（インターナショナル新書，2019 年）

主な編書　ジローラモ・メイ『古代旋法論』（勁草書房，1991 年）

主な共訳　『新西洋音楽史』（音楽之友社，1998-2001 年）
書

赤塚健太郎 （あかつか・けんたろう）

・執筆章→4・5・7・8・9・10・15

1977 年生まれ。成城大学大学院文学研究科美学・美術史専攻にて音楽学を学ぶ。博士（文学）。

現在　　　成城大学准教授，放送大学客員准教授，慶應義塾大学非常勤講師

主な研究　バロック時代の舞曲と，当時の音楽の演奏習慣
対象

放送大学教材　1559257-1-2111（ラジオ）

新訂　西洋音楽史

発　行　2021 年 3 月 20 日　第 1 刷

編著者　津上英輔・赤塚健太郎

発行所　一般財団法人　放送大学教育振興会
　　　　〒105-0001　東京都港区虎ノ門 1-14-1　郵政福祉琴平ビル
　　　　電話　03（3502）2750

Printed in Japan　ISBN978-4-595-32258-7　C1373